퇴사 후 목공방 창업,
5년간의 기록

― 목공방 창업 초보 필수 지침서, 기술은 선택, 관리는 필수 ―

퇴사 후 목공방 창업, 5년간의 기록

강재근 지음

퇴사부터 오픈까지,
현실적인 공방
창업의 모든 것

감성과
관리 사이에서
균형을 찾은
창업 지침서

좋은땅

── 프롤로그 ──

처음 퇴사를 결심했던 날이 아직도 생생하게 기억납니다.

매일 같은 길을 걷고 비슷한 일상을 반복하던 회사 생활 속에서, 문득 나를 위한 일을 시작해 보고 싶다는 생각이 조심스럽게 자라나기 시작했습니다.

물론 두려움과 기대가 함께 찾아왔지만, 오래 고민한 끝에 결국 스스로 선택한 길을 믿어 보기로 결심했습니다.

목공이라는 새로운 세계는 생각보다 쉽지만은 않았습니다.

나무를 어떻게 다루고, 어떤 도구가 필요한지, 가구를 완성하기 위해 어떤 과정이 필요한지를 하나하나 배우면서도, '어떻게 가르칠 것인가'에 대한 고민 또한 자연스럽게 따라왔습니다.

반복되는 시행착오를 통해 배우는 분들의 눈높이에 맞춰 함께 걸어가는 과정이라는 걸 깨닫기도 했습니다.

그렇게 공방을 준비하고 문을 연 지도 벌써 5년이라는 시간이 흘렀습니다.

하루하루 처음 톱질을 배우는 수강생들을 만나며 그들의 두근거림을 함께 나눴고, 그 속에서 저 역시 계속 배우고 성장해 왔습니다.

가구를 만드는 방법을 알려 주는 것만으로 끝나지 않고, '나도 할 수 있구나'라는 자신감을 심어 주는 일이 교육의 진짜 핵심이라는 것도 그 과정에서 자연스럽게 알게 되었습니다.

물론 순탄한 길만 걸어온 것은 아니었습니다.

쉼 없이 달리다 보니 어느 순간 번아웃이 찾아오기도 했고, 잠시 손을 놓아야 했던 시간들도 있었습니다.

하지만 그런 시간들마저도 결국에는 또 다른 배움으로 이어졌고, 이제는 때로는 멈춰 서고 한 걸음 물러나 긴 호흡으로 공방을 바라보는 여유도 조금씩 갖게 되었습니다.

이 책은 저처럼 창업을 고민하고 있는 분들을 위해 준비한 기록입니다.

'내가 할 수 있을까?', '실패하면 어떡하지?' 하는 두려움은 누구에게나 찾아오지만, 결국 필요한 건 거창한 결단이 아니라 아주 작은 준비부터 차근히 시작하는 것이었습니다.

막막해 보이던 길도 하루에 한 가지씩 배우고 준비하다 보면 어느새 조금씩 그 길이 만들어져 가는 것을 경험할 수 있었습니다.

저 역시 그렇게 준비했고, 결국 시작할 수 있었습니다.

이 기록이 지금 막 시작을 고민하는 누군가에게 작은 용기와 방향이 되어 주기를 바라 봅니다.

목차

프롤로그   004

1장
창업 준비의 첫걸음

1. 퇴사 먼저? 준비 먼저?   012
2. 창업 준비, 무엇을 배워야 할까?   015
3. 오픈 시점 미리 설정하기   019
4. 자격증 취득을 꼭 해야 하나   022
5. 벤치마킹으로 사업 아이템 찾기   025
6. 사업계획서 작성하기   028
7. 창업 임박, 두려움에서 벗어나기   031
8. 공방 이름은 어떻게 지을까?   034
9. 렌트프리는 길수록 좋을까?   037
10. 계약서 작성, 특약이 핵심   040
11. 임대인과의 궁합 체크는 필수   043
12. 고객 관점에서 찾는 공방 위치   046
13. 인테리어 할까? 말까?   049
14. 기계 세팅, 난 교육공방인데   052
15. 효율성이 중요한 기계실 동선   055

16. 목재, 어디서 구입해야 하나? 058
17. 목공방 창업, 얼마면 될까? 062

2장
오픈 준비와 고객 관리

1. 과정 세팅하기 068
2. 커리큘럼 만들기 071
3. 첫 고객, 어떻게 유치할까? 074
4. 고객 관리는 내가 감당할 수 있는 만큼만 077
5. 이것만은 꼭 지키자 080
6. 특정 고객만 챙기면 생기는 일 083
7. 상담이 중요한 이유 086
8. 진상 고객은 마무리가 중요 089
9. 최고의 고객은 현재 수강생 092
10. 지인은 등록할 수 없어요 095
11. 수료증 하나로 달라지는 만족도 098
12. 정가 정책을 고수하는 이유 101
13. 할 게 없으면 할 걸 만들어요 104

3장
교육 실행과 운영 노하우

1. 첫 수업 마치고 다시 세팅한 교육 방식   108
2. 내가 안다고 잘 가르칠 수 있을까?   111
3. 자율반 한 달 만에 폐지한 이유   114
4. 누군가의 인생에 함께한다는 마음가짐   117
5. 모든 사람들이 내 교육 방식에 만족하지는 않아   120
6. 자격증 과정, 핵심 노하우는 뭘까?   123
7. 수업은 자랑이 아닌 할 수 있게 만들어 주는 것   127
8. 강사 선생님이 필요해요   130
9. 교육의 시스템화가 주는 힘   134
10. 강사 관리가 공방 운영의 전부   137
11. 고객 응대의 핵심은 진심   140
12. 출강은 조심스러워요   143

4장
지속 성장을 위한 마케팅과 운영

1. 블로그로 시작한 첫 마케팅   148
2. 우리 공방의 차별점 만들기   151
3. 먼저 시도하라   154

4. 교육공방, 월 천만 원 매출이 가능할까? 157
5. "공방에 한번 놀러 갈게요!" 사양합니다 160
6. 수강생의 성장이 곧 공방의 성장 163

5장
성장통과 번아웃 극복기

1. 4년차에 번아웃, 힘들지만 즐거운 이유 168
2. 배움이 없으면 성장도 없다 172

1장

창업 준비의 첫걸음

1. 퇴사 먼저? 준비 먼저?

사실 퇴사를 결심하기까지 오랜 시간이 걸렸어요.

18년 동안 직장생활을 하면서 나름대로 안정적인 삶을 유지하고 있었거든요. 하지만 어느 순간부터 자꾸 이런 생각이 들기 시작했어요.

'언제까지 이 회사를 다닐 수 있을까?'

'만약 어느 날 갑자기 회사를 그만두게 된다면 난 어떤 준비가 되어 있을까?'

그때부터 아마 내 안에서 변화의 씨앗이 조금씩 싹트고 있었던 것 같아요.

더 이상 누군가를 위해서, 회사의 목표를 위해서만 일하기보다는, 이제는 내가 정말 하고 싶은 일을 해 보면 어떨까 하는 생각이 조금씩 자리를 잡기 시작했어요.

회사에서 했던 경영지원, 인사기획, 교육업무는 분명 좋은 경험이었어요. 덕분에 사람을 관리하는 법, 시스템을 만드는 법도 배울 수 있었고요. 하지만 한편으로는 늘 반복되는 회의, 조직의 룰 속에서 내가 하고 싶은 것을 마음껏 펼치기에는 한계가 느껴지기도 했어요.

이왕 이렇게 열심히 일하는 거라면, 내 일에 내 모든 것을 쏟아 보면 어떨까?

열심히 하면 중간 이상은 갈 수 있다는 자신감은 직장생활을 통해 이미 확인했으니까요.

그래서 퇴사를 결심하게 되었어요. 다만 무턱대고 그만두고 나서 뭘 할지 고민하는 건 위험하다고 생각했어요. 그래서 퇴사하기 약 6개월 전부터 주말마다 목공을 배우기 시작했죠.

사실 그때까지 목공 경험은 전혀 없었어요. 그저 손으로 뭔가를 만들고 싶다는 막연한 관심뿐이었죠. 기술적인 실력보다는 이 일을 사업으로 만들어 나가는 시스템을 배우고 싶었고요. 그래서 교육 중심의 목공방 창업이라는 목표를 조금씩 그리기 시작했어요.

퇴사는 나중에 하고, 일단 배우고 준비하는 시간을 먼저 갖자.

하지만 회사와 일을 병행해 진행하다 보니 실력을 올리는 데에도 시간이 걸리고 마음 떠난 직장일도 소홀하게 되는 것을 느끼게 되었죠.

이에 과감히 회사를 그만두고 창업 준비에만 집중하기로 결심했어요.

■ **핵심 포인트**
✔ 내 상황에 맞는 창업 준비가 정답
✔ 열심히 일할 준비가 되어 있다면, 이제는 내 일에 집중할 때

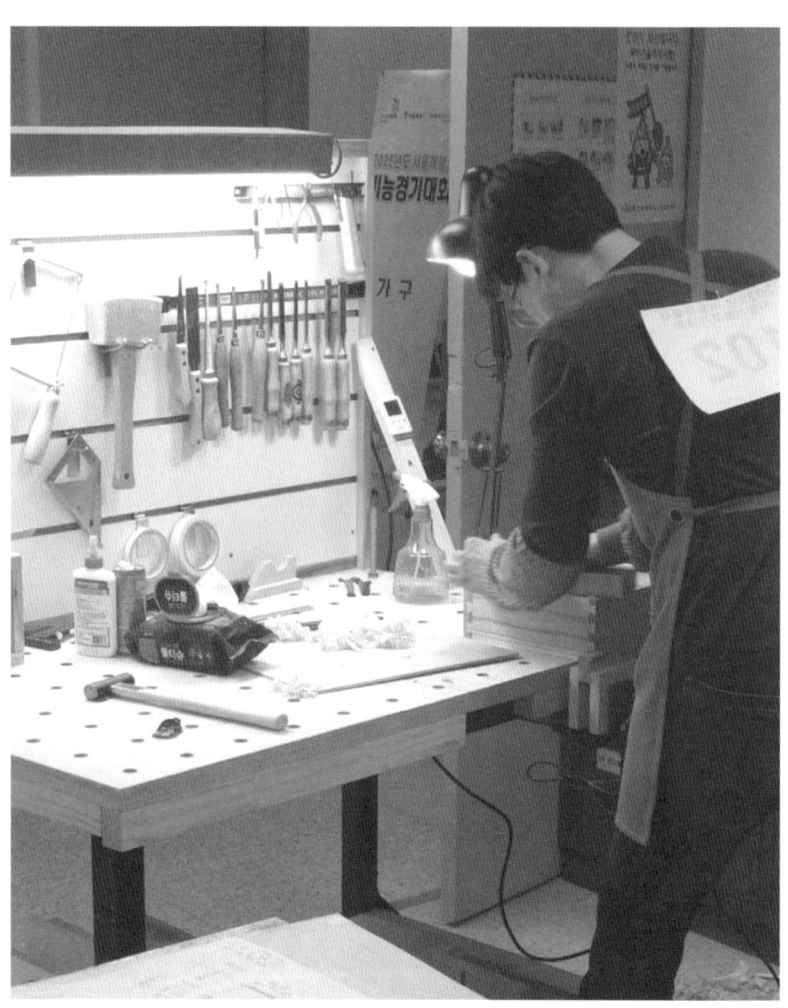

2. 창업 준비, 무엇을 배워야 할까?

처음 목공방 창업을 결심했을 때 가장 먼저 떠오른 고민은 바로 이거였어요.

"무엇부터 배워야 할까?"

목공이라는 분야가 전혀 생소한 건 아니었지만, 막상 창업을 하겠다고 생각하니 배우는 순서부터 막막했어요.

목공을 한다고 하면 대부분 머릿속에 떠오르는 건 가구를 제작하거나 나만의 작품을 만드는 장면일 거예요. 하지만 내가 하려던 건 단순히 물건을 만드는 게 아니라 사람들에게 가르치는 교육공방이었어요.

그래서 고민 끝에 기술적인 실력을 올리는 것도 중요했지만 수업하는 방법도 함께 배워야 한다고 판단했어요.

처음 시작한 과정은 짜맞춤이었어요.

짜맞춤은 못이나 나사 없이 나무끼리 짜맞춰서 만드는 전통적인 제작 방식이에요. 짜맞춤을 반영해 가구를 만들기 위해서는 다양한 수공구의 사용이 가능해야 하다 보니 톱질, 날물연마 등 기본기가 무엇보다 중요하게 다뤄지며 기본기가 확실히 잡히면 다른 제작 방식도 자연스럽게 따라

올 수 있다고 판단했기 때문이에요.

짜맞춤 과정이 끝나갈 무렵에는 DIY 과정도 같이 병행했어요. 취미로 배우러 오시는 분들은 좀 더 간단한 공구로 부담 없이 만들어 보고 싶어 하는 경우가 많기 때문에 특정 분야만을 배우는 것이 아니라 폭넓은 제작 방식의 경험도 필요했죠.

하지만 수업을 받으면서 생각하지 못했던 부분들도 나타나기 시작했어요.

교육기관을 선정하기 전에 커리큘럼도 꼼꼼히 체크했고 수업에도 열심히 임했지만 배운 것만을 토대로 교육을 하기에는 부족함이 크다는 것을 느꼈어요.

그래서 운영하고자 하는 커리큘럼을 먼저 작성해 보고 추가로 배워야 하는 과정들을 다시 뽑아 봤어요.

다행스럽게도 부족한 부분만을 집중적으로 알려 주는 곳을 찾아 배움을 이어 나갈 수 있었어요.

수업을 받으면서 기술을 익히는 것 못지않게 강사분들이 수업하는 방식도 유심히 살펴봤어요. 기계나 공구 사용법을 알려 줄 때는 어떻게 하는지, 이론 수업에서는 어떤 부분을 강조하는지 그리고 무엇보다 수강생을 대하는 태도와 수업에 몰입하는 자세까지.

반영하거나 빼야 할 부분들을 노트에 하나하나 기록하다 보니 어느새 나만의 강의노트가 만들어지고 있었죠.

마지막 배움은 실전이었어요. 배우는 것이 아닌 배운 것을 실행해 볼 기회가 필요했죠.

그러다 지인의 도움으로 방과후 수업에 보조강사로 참여할 기회를 얻게 되었어요.

집에서 3시간 거리였지만 망설일 일이 아니었어요. 두 번 다시 오지 않을 기회라고 생각하고 나름 어떻게 수업을 할지, 실수를 하는 건 아닐지 하는 걱정에 잠을 설치기도 했죠.

다양한 수업 경험을 통해 창업 후 좀 더 부드럽게 수업을 진행할 수 있었고, 문제가 생겼을 때 유연성까지 확보할 수 있었어요.

■ **핵심 포인트**
✔ 기술과 관리를 함께 배울 수 있는 곳 찾기
✔ 배웠다면 실전 수업을 통해 자신감을 확보하자

3. 오픈 시점 미리 설정하기

퇴사를 결심하고 창업을 준비하면서 처음부터 한 가지는 꼭 지키자고 마음을 먹었어요.

그게 바로 "오픈 날짜를 미리 정해 두자"였어요.

처음에는 '준비가 다 끝나면 오픈하면 되지'라는 생각을 하기도 했었어요.

하지만 경험도 없는 상태에서 준비만 하다 보면 끝이 없을 것 같다는 생각도 함께 들었죠. 창업에 대한 걱정이 앞서다 보면 계속해서 배우고 싶고, 또 보완하고 싶은 것들이 생길 테니까요.

그래서 저는 퇴사와 동시에 딱 1년 후를 오픈 목표일로 정했어요.

2020년 12월 1일, 바로 그날을요.

이렇게 날짜가 정해지고 나니 모든 준비가 훨씬 체계적으로 움직이기 시작했어요.

허투루 보낼 시간은 단 하루도 없었죠.

- 언제까지 어떤 과정을 배우고
- 언제까지 자격증을 취득하고
- 언제부터 부동산을 알아보고
- 언제부터 마케팅을 시작하고…

모든 계획들이 바쁘게 움직일 준비를 하고 있었어요.

사실 처음엔 1년이 조금 빠듯할 수도 있겠다고 걱정도 했어요.

하지만 오히려 그 덕분에 불필요한 욕심이나 지나친 준비 욕구를 내려놓을 수 있었던 것 같아요. 완벽하게 준비되어야 시작하는 게 아니라, '운영하면서 보완할 것들은 그때 가서 수정하면 되지'라는 마음으로 접근하니까 심리적인 부담도 훨씬 덜했어요.

결국 계획한 날짜에 맞춰 공방 문을 오픈할 수 있었어요.

돌이켜 보면, 이 오픈일 설정이 없었다면 길게는 1년 이상도 걸리지 않았을까 생각돼요.

■ 핵심 포인트
✔ 오픈일 설정으로 긴장감 유지하기
✔ 오픈 전과 오픈 후에 준비할 것을 분리하자

4. 자격증 취득을 꼭 해야 하나

목공방 창업을 준비하면서 고민했던 것 중 하나가 바로 자격증이었어요.

"굳이 자격증이 필요할까?"

"내가 가구를 잘 만들 수 있으면 되는 거 아닌가?"

이런 생각을 처음에는 저도 했었어요.

하지만 조금씩 교육공방이라는 방향으로 생각을 잡아 가면서 이 질문의 답이 바뀌기 시작했어요. 단순히 가구를 만들어 판매하는 게 목적이라면 자격증이 필수는 아닐 수도 있어요. 하지만 **누군가를 가르친다는 건 전혀 다른 영역**이었어요. 그리고 누군가를 가르친다는 건 결국 내가 내 실력을 증명해야 하고, 그 증명을 상대가 믿을 수 있어야 한다는 생각에 다다랐어요.

자격증 과정을 배우러 온 수강생분들에게 "선생님은 이 자격증 있으신 거죠?"라는 질문을 받게 된다면, 그 순간 답변이 주는 무게감은 생각보다 클 것이라고 느꼈어요.

시험 과정을 경험해 보고, 다양한 자격증 도면도 분석하고, 제작을 통해 자격증 과정만의 준비 방법을 찾아 가면서 시험 준비를 해 본 사람과 그렇지 않은 사람은 교육할 때의 깊이가 다를 수밖에 없을 거예요.

그래서 결심했죠.

목공 관련 자격증은 모두 취득하자.

실제로 자격증 준비를 하면서 배운 게 참 많았어요.

가구를 만드는 법은 알고 있었지만, 정해진 시간 안에 일정한 퀄리티를 만들어 내는 훈련은 자격증 준비를 하면서 비로소 몸에 익히게 됐어요.

특히 도면 해석 능력은 자격증 준비가 아니었다면 이만큼 올라오지 않았을 거예요.

무엇보다 자격증 준비는 단순히 내 실력을 위해서만 필요한 게 아니었어요.

자격증 교육을 지도할 때 어떤 부분이 수강생들에게 어려울지, 어디서 막힐지 미리 알 수 있게 해 줬어요.

이건 교육공방을 운영하는 입장에서는 큰 도움이 되었어요.

그걸 바탕으로 자격증 과정에 최적화된 커리큘럼을 짜고, 수업을 세분화할 수 있었어요.

지금까지 목공 자격증을 포함해서 14개의 자격증을 취득했어요.

그리고 지금도 꾸준히 공부하고 있고요.

이 노력들이 수업에 고스란히 녹아들고, 수강생 분들이 더 쉽게, 더 안정적으로 자격증을 취득할 수 있도록 도와주고 있어요.

그래서 저는 이렇게 말하고 싶어요.

교육공방을 목표로 한다면 자격증은 선택이 아니라 준비의 기본이라고요.

■ 핵심 포인트

✔ 자격증 과정을 운영한다면 관련 자격증부터 취득하기
✔ 자격증 준비로 실력도 올리고 노하우도 쌓자

5. 벤치마킹으로 사업 아이템 찾기

창업을 준비하면서 많은 목공방들을 찾아다녔어요.

서울과 경기권은 물론이고, 지방에 있는 공방까지 일부러 시간을 내서 다녀왔어요.

사실 창업을 결심했을 때 가장 두려웠던 건 '내가 제대로 준비하고 있는 걸까?' 하는 막연한 불안이었어요.

그래서 먼저 창업한 분들이 어떻게 운영하는지, 어떤 점이 잘 되고 있고 어떤 부분에서 어려움을 겪고 있는지 현장에서 직접 보고 배우고 싶었어요.

책이나 인터넷 후기보다는 현장에서 느껴지는 분위기와 운영 방식은 현실감을 그대로 담을 수 있을 테니까요.

공방을 방문할 때마다 저는 두 가지 관점으로 살펴봤어요.

하나는 시스템이고, 또 하나는 분위기였어요.

시스템을 볼 때는 커리큘럼 구성, 수업 운영 방식, 장비 배치, 수강생 관리 방법 등을 꼼꼼하게 체크했어요.

특히 상담을 어떻게 진행하는지, 수업을 어떻게 소개하고 설명하는지 주의 깊게 관찰했어요.

혹시라도 기억하지 못할까 노트는 항상 곁에 있었죠.

분위기를 볼 때는 수강생들의 표정과 강사의 수업 태도를 유심히 봤어요. 수강생들이 편하게 질문을 할 수 있는지, 강사가 성의 있게 대답해 주는지, 또 반대로 너무 딱딱하거나 방임하는 분위기는 아닌지까지 세심하게 살폈어요.

교육이라는 건 기술보다 결국 사람이 중심이라는 걸 현장에서 계속해서 느낄 수 있었어요.

벤치마킹을 하면서 가장 크게 배운 건 '내가 무엇을 할까'보다 '어떤 건 하지 말아야 할까'를 많이 알게 된다는 점이었어요.

다른 공방에서 아쉬워 보였던 부분들은 자연스럽게 저만의 개선 리스트로 쌓여 갔고, 앞으로 운영할 공방의 기준을 하나씩 만들어 가는 데 큰 도움이 되었어요.

■ **핵심 포인트**
✔ 벤치마킹을 통해 걱정과 불안 떨쳐 내기
✔ 방문 전 방문 목적을 분명히 밝히고 도움을 구할 것

6. 사업계획서 작성하기

창업을 준비하면서 가장 막막했던 부분이 바로 전체 계획을 어떻게 세워야 할지였어요.

머릿속에는 하고 싶은 일들이 많았지만 막상 정리를 시작하려니까 뭐부터 손대야 할지 쉽게 정리가 되지 않았어요.

특히 수익 구조 같은 숫자 문제는 더 고민이 많았어요.

이게 잘못 잡히면 공방 운영 전체가 흔들릴 수 있다는 생각이 들었기 때문이에요.

그래서 막연한 불안을 조금이라도 줄이기 위해 창업 준비를 계획한 시점에 제일 먼저 사업계획서 작성에 들어갔어요.

진행하면서 수시로 변경될 것을 알고 있었기에 처음부터 거창한 계획서를 만들 생각은 아니었어요. 머릿속에 있는 생각들을 하나씩 정리하는 목적으로 종이에 옮기는 것이 첫 시작이었어요.

가장 먼저 수업 구성을 정리해 봤어요.

기본 수업 과정부터 심화 과정, 자격증 과정, 그리고 원데이 클래스까지 어떤 수업을 운영할 수 있을지 항목을 나눠 보고, 각 과정마다 수업료와

소요 시간도 계산해 봤어요.

수강생 한 명이 수업을 시작했을 때 과정마다 어느 정도의 기간과 매출이 발생하는지 시뮬레이션도 해 봤고요.

그다음에는 하루에 수업을 몇 번 운영할 수 있는지, 일주일, 한 달 단위로 최대 수강 인원을 반영해 최종 월매출 목표를 도출할 수 있었어요.

이 과정을 반복하다 보니 수강생 수를 무작정 늘리는 데에는 한계가 있다는 것도 다시 한번 현실적으로 체감하는 기회가 됐고요.

매출 못지않게 중요한 것이 지출을 관리하는 것이기에 운영비 항목도 따로 정리에 들어갔어요.

임대료, 관리비, 재료비, 장비 투자비, 마케팅비, 유지보수비, 식비 등 빠뜨리기 쉬운 항목까지 하나씩 체크하면서 초기 투자금과 월별 유지비도 함께 계산해 봤고요.

이렇게 정리를 끝내고 나니 머릿속이 정리되는 느낌이 들기 시작했어요.

계획이 문서로 정리돼 있으니까 이후 부동산 계약을 할 때도, 장비 구입을 결정할 때도, 심지어 교육을 진행하면서도 큰 고민을 줄일 수 있었던 것 같아요.

또한, 예비비를 책정해 놓은 덕분에 초기 유지비, 그리고 마케팅을 시작할 때도 무리한 지출 없이 차근차근 계획대로 진행할 수 있었고요.

사업계획서는 창업 준비 및 실행을 하면서 계속 수정해야 하는 부분들이 생겨요.

하지만 처음 시작할 때 이렇게 한번 체계적으로 정리해 보는 것만으로도 준비 방향이 또렷해지고, 무엇보다 마음의 불안이 훨씬 줄어드는 효과가 있어요.

저한테는 이 사업계획서가 효율적인 창업을 실현할 수 있게 만들어 준 가장 든든한 지원군이었어요.

■ **핵심 포인트**
- ✔ 사업계획서는 관리의 시작
- ✔ 사업계획서가 없다는 건 눈을 감고 길을 걷는 것

7. 창업 임박, 두려움에서 벗어나기

사실 창업을 준비하는 내내 꽤 담담했어요.

퇴사하기 전부터 미리 배우기 시작했고, 사업계획서도 스스로 작성했고, 계획대로 하나하나 차분히 실행해 나가고 있었으니까요.

그런데 이상하게도 오픈 날짜가 다가올수록 마음 한 켠에 묵직한 불안감이 올라오기 시작했어요.

이게 참 묘했어요.

준비를 착실히 해 왔는데도,

'내가 이걸 진짜 할 수 있을까?'

'혹시 잘못되면 어떻게 하지?'

하는 막연한 두려움이 자꾸 고개를 드는 게 느껴졌어요.

그 무렵에는 심지어 이전 회사에서 연락이 오기도 했어요.

임원 승진을 조건으로 복귀를 고려해 보지 않겠냐는 제안이었죠.

그런 이야기를 듣자 잠깐 마음이 흔들리기도 했어요.

안정적인 직장, 매달 꼬박 들어오는 월급, 익숙한 업무들…

한편으로는 "굳이 힘들게 창업을 해야 하나?"라는 생각도 잠시 머물렀죠.

하지만 다시 마음을 다잡았어요.

내가 회사를 나올 때 가졌던 마음이 무엇이었는지를 다시 떠올려 봤어요.

남을 위해 일하는 것이 아니라, 이제는 내가 하고 싶은 일을 내 힘으로 만들어 가고 싶었던 그 마음이요.

두려움이 아예 없어질 순 없었어요.

하지만 그 두려움을 안고 한 발을 내딛는 게 결국 창업이 아닐까 싶었어요.

정확히 준비가 다 끝나야 시작하는 건 아닐 거예요.

부족한 부분은 운영하면서 채워 가면 된다고 스스로 다짐도 했어요.

지금 돌아보면 그 두려움이 있어서 오히려 준비를 더 철저히 할 수 있었던 것 같아요.

그리고 결국 그 두려움을 넘어 한 발 내디뎠기에 지금 이 자리까지 올 수 있었던 거라고 믿어요.

■ 핵심 포인트
- ✔ 첫 창업에 대한 부담은 당연한 것, 마지막 고비
- ✔ 불안감이 커진다면 초기 마음가짐을 다시 생각하자

8. 공방 이름은 어떻게 지을까?

　창업을 준비하면서 은근히 오랫동안 고민하게 만든 것이 바로 공방 이름이었어요.
　이름이라는 게 생각보다 중요하다는 건 다들 알 거예요.
　한번 정하면 쉽게 바꿀 수도 없고, 공방의 첫인상이 될 테니까요.
　처음에는 멋있고 세련된 이름이 뭐가 있을까 하면서 여러 단어를 조합해 보기도 했어요.
　영어 이름을 붙일까?
　한자어 느낌으로 가 볼까?
　공방의 성격을 담은 직관적인 이름이 좋을까?
　아이디어는 쏟아졌지만, 막상 딱 마음에 드는 이름을 정하는 건 쉽지 않았어요.
　그렇게 고민만 하던 중에 가족들에게 도움을 요청했어요.
　가족들끼리 공모전을 열듯 각자 아이디어를 내 보기로 했거든요.
　그 과정에서 나온 이름이 바로 지금의 '나무를품다'였어요.
　이 이름이 마음에 들었던 건 단순히 어감이 좋아서가 아니었어요.
　제가 하고 싶었던 교육형 목공방의 방향성과 잘 어울린다는 생각이 강하게 들었어요.

　수강생들이 단순히 목공 기술만 배우는 게 아니라, 나무를 통해 마음을 품고, 새로운 인생의 기회를 품어 가는 공간을 만들고 싶었어요.

　나무를 다루는 기술도 중요하지만, 결국 사람을 품고 성장시키는 공간이 되길 바랐거든요.

　공방 이름을 정하면서 한 가지 배운 게 있어요.

　처음부터 멋진 이름을 찾겠다고 욕심내기보다는, 내가 이 공간을 통해 무엇을 하고 싶은지, 어떤 분위기의 공방을 만들고 싶은지를 먼저 정리하면 자연스럽게 어울리는 이름이 따라온다는 거예요.

　'나무를품다'라는 이름 때문에 운영 초반 상담 전화를 받을 때마다 말하는 분도 듣는 저도 조금은 낯간지러움도 있었지만 지금은 그 어떤 이름보다 나무를품다가, 제가 운영하고자 했던 목공방의 의미를 잘 표현해 주는 것을 느끼고 있어요.

■ 핵심 포인트
✔ 시간이 걸려도 공방 이미지에 맞는 이름 찾기
✔ 공방 이름과 실제 이미지가 다르면 마이너스

9. 렌트프리는 길수록 좋을까?

공방 자리를 계약할 때 또 하나 고민스러웠던 부분이 바로 렌트프리 기간이었어요.

렌트프리란 쉽게 말해 계약 초기 일정 기간 동안 임대료를 면제해 주는 기간인데요.

창업 초기에 목돈이 많이 들어가기 때문에 이 기간을 얼마나 확보하느냐도 중요한 협상 포인트가 되죠.

주변에서는 렌트프리를 최대한 길게 받으라고 조언하는 분들이 많았어요.

가능하면 세 달, 네 달까지 받아내라는 얘기도 들었어요.

사실 그 말도 일리가 있어요.

그 기간 동안 공방 세팅을 좀 더 꼼꼼히 하고 정리가 끝나면 임차료 없이 운영을 먼저 할 수도 있을 테니까요.

하지만 저는 조금 다르게 생각했어요.

공방은 아무리 준비를 오래 한다고 해도, 결국 오픈을 미루다 보면 준비만 계속하게 될 위험이 있다고 생각했어요.

준비하다 보면 자꾸 새로운 아이디어가 떠오르고, 욕심이 붙고, 끝없이 보완하려고 할 테니까요.

그래서 저에게 맞는 적절한 기간을 고민하다 렌트프리를 '1개월 반'으로 협의했어요.

한 달 반이면 기본 공사와 세팅, 장비 반입과 정리까지 어느 정도 안정적으로 준비할 수 있고, 너무 길게 끌지 않으면서 계획한 오픈 일정도 유지할 수 있는 기간이라고 판단했어요.

결과적으로 이 선택이 오히려 저에게는 도움이 됐어요.

일정이 길어지면 오히려 부담이 커지고, 준비만 하다가 계획이 흔들릴 수도 있었거든요.

오픈 날짜를 미리 정해 둔 것처럼, 렌트프리 기간도 딱 필요한 만큼만 확보해서 흐름을 끊기지 않고 유지하는 게 저에게는 맞는 방법이었어요.

하지만 환경 상태가 좋지 않고 큰 공사가 필요한 경우라면, 렌트프리 기간 협상 전에 공사 업체와의 전체 일정에 대한 협의도 반드시 필요해요.

저 또한 신경을 쓰지 않았던 전기공사 문제로 일주일의 기간이 추가로 늘어난 경험이 있어요.

공사 기간은 내가 생각하는 것과 전문가가 생각하는 것에 차이가 있을 수 있기 때문에 꼼꼼히 체크한 후 렌트프리 기간을 설정해야 해요.

■ 핵심 포인트
✔ 공방 세팅에 걸리는 기간을 산정해 렌트프리 기간 협상하기
✔ 렌트프리 기간, 한 달 이상은 필수 확보하자

10. 계약서 작성, 특약이 핵심

공방 자리를 계약할 때 가장 조심했던 부분이 바로 계약서 작성이었어요.
처음 창업하는 분들 중에는 공인중개사 말을 믿고 '알아서 해 주세요'라고 맡기는 경우도 많은데, 사실 계약서는 사업의 근간이 되는 문서라서 한번 작성하고 나면 쉽게 바꾸기 어려워요.
특히 저는 계약서를 작성할 때 애매한 표현을 최대한 피하려고 했어요.
'협의하여 조정한다'
'가능한 범위 내에서 조율한다'
이런 문장들은 나중에 분쟁이 생겼을 때 애매하게 해석될 여지가 크다는 걸 직장생활에서의 경험으로 알 수 있었어요.
창업을 고려한 시기가 코로나가 한창일 때였어요.
덕분에 공실이 많았고 임차인 입장에서는 조금 유리한 협상 환경이었죠.
이럴 때일수록 계약서를 확실히 해 두자고 마음먹었어요.
그래서 특약 사항을 활용했어요.
가장 먼저 임대료 인상 문제를 어떻게 하면 유리하게 할지 고민했어요.
결론적으로, 운영 중에는 임대료 인상을 하지 않는 것을 특약에 명시했고, 관리비도 별도로 받지 않는다는 내용을 계약서에 명확하게 명시해 놨어요.

임대인 입장에서는 처음엔 조금 난색을 보였지만, 코로나 시국이라는 점과 장기 임차를 약속한다는 제안을 근거로 공인중개사 사장님과 설득을 했어요.

결국 양쪽 모두에게 무리 없는 선에서 합의가 이뤄졌고, 지금까지도 이 계약 조건은 잘 유지되고 있어요.

돌이켜 보면 이 특약 조정이 장기적으로는 큰 부담을 줄여 줬어요.

임대료라는 건 사업 운영에 있어서 큰 비중을 차지하는 고정비예요. 사업이 잘될 때는 그래도 괜찮지만, 환경적인 요인으로 사업이 잘 안될 때는 이보다 걱정되는 일은 없을 테니까요.

창업을 준비할 때 이것저것 준비할 것들이 많다 보니 자칫 계약서 부분을 대충 넘기는 경우가 많은데, 오히려 이런 부분이 잘 정리되어 있어야 안정적으로 사업을 이어갈 수 있다는 사실은 명심해야 해요.

■ 핵심 포인트
✔ 계약서 특약을 활용해 이후 임대인과의 마찰을 줄이자
✔ 상황에 따라 바뀔 수 있는 내용은 특약으로 꼭 명시하기

11. 임대인과의 궁합 체크는 필수

　공방 자리를 계약하면서 계약서 못지않게 중요하게 생각했던 게 바로 임대인과의 궁합이었어요.

　아무리 좋은 공간을 계약했더라도, 임대인과의 관계가 틀어지면 운영에 적지 않은 스트레스가 생기는 건 불 보듯 뻔하잖아요.

　저는 직장생활을 하면서 계약 관리 업무를 많이 해 봤던 경험이 있어서인지 임대인과의 초기 대화에서도 신경 쓸 부분들을 유심히 살폈어요.

　운영을 하다 보면 소소한 문제들이 발생할 수 있는데, 그때마다 임대인이 너무 자주 개입하거나 사사건건 간섭하는 경우라면 정말 피곤해지기 쉬워요.

　특히 목공방 같은 경우는 기계 소음, 분진, 자재 반입 등 일반 사무실과는 다른 운영 특성이 있어서 임대인 입장에서 불만이 생길 소지가 있을 수 있어요.

　그런데 이런 부분에 대해 처음부터 이해도가 높은 임대인을 만나는 건 쉽지 않아요.

　저는 계약 전부터 임대인과 여러 번 대화를 나누면서 공방 운영의 특성을 상세히 설명했어요.

수업 시간 중에 발생할 수 있는 소음, 기계 사용 시간, 자투리 목재 배출 방식 등 운영의 구체적인 부분까지 미리 이야기했어요.

혹시라도 나중에 "그건 몰랐던 일인데요"라는 말이 나오지 않도록 하기 위해서였어요.

운이 좋게도 제 경우엔 비교적 융통성 있고 이해도가 높은 임대인을 만날 수 있었어요.

서로의 역할과 선을 분명히 해 두고 시작했기 때문에 이후 별다른 마찰 없이 지금까지 잘 유지되고 있어요.

사업이라는 게 단순히 공간만 빌려서 운영하는 게 아니라, 결국은 사람과 사람 사이의 관계에서도 좌우되는 부분이 많기에 장소만 좋다고 바로 계약하기보다는 임대인과의 궁합을 확인할 수 있는 자리를 만들어 보는 것도 문제의 소지를 줄일 수 있는 기회가 될 거예요.

■ 핵심 포인트
✔ 첫 만남에서 질문을 통해 임대인의 성향을 파악하자
✔ 첫인상이 좋지 않았다면 상가 계약은 한 번 더 생각하자

12. 고객 관점에서 찾는 공방 위치

공방 자리를 알아볼 때, 처음에는 제 기준이 앞섰던 것도 사실이었어요. 출퇴근 거리는 얼마나 되는지, 물건 반입이 효율적인지, 주차는 어떻게 되는지와 같은 현실적인 운영 편의성을 가장 먼저 떠올렸어요.

사실, 창업 준비를 위해 지방으로 교육을 받으러 갈 때마다 왜 이런 곳에 공방을 만들어 놓은 거지? 차를 가지고 가면 길도 막히고 시내에서 외곽으로 다시 이동을 해야 하고, 기차를 타고 가면 공방까지 들어가는 버스도 많지 않아 고생을 했던 기억이 있었는데도 말이죠.

그래서 공방 위치를 보러 다니면서 점점 생각이 바뀌었어요.

'내가 운영하기 편한 곳을 찾는 게 아니라, 수강생들이 찾아오기 편한 곳을 만들어야 하는구나'라고요.

목공방 수업이라는 건 대부분 2~3개월 동안 꾸준히 반복해서 다녀야 하는 장기 수업이에요.

한 번 체험하고 끝나는 게 아니기 때문에 결국 지속적으로 오기 편해야 꾸준한 수강생이 유지될 수 있어요.

그래서 입지 선정 기준도 바꿨어요.

대중교통이 어느 정도 편한지, 도보 이동이 불편하지 않은지, 버스 노선이 여러 방향에서 접근 가능한지 등을 보기 시작했어요.

그리고 목재나 장비를 옮길 때 필요한 차량 접근성도 여전히 중요하게 고려했고요.

특히 지하 공간을 사용할 경우에는 여름철에는 덥고 겨울철에는 춥지 않은지, 환기는 잘 되는지, 습기나 결로 문제는 없는지까지 꼼꼼히 살펴봤어요.

수강생 입장에서 불편함 없이 오랫동안 다닐 수 있는 공간을 만드는 게 무엇보다 중요했기 때문이에요.

결국 내가 조금 불편하더라도 수강생들이 더 편하게 다닐 수 있는 위치를 선택했어요.

이 선택이 결국 공방 운영 안정성에도 긍정적인 영향을 주었다고 생각해요.

비록 공방 앞에 지하철역은 없지만, 버스로 어느 방향에서도 진입이 쉽고, 전철역에서 버스 한 번이면 내리자마자 바로 공방 입구가 보이니까요.

공방 위치 때문에 주중, 주말 수업을 넘어 저녁반 수업에서도 꾸준히 다니는 수강생분들이 늘어나고 매출도 자연스럽게 안정되기 시작했어요.

이 경험을 통해 한 가지 확신을 가진 것이 있어요.

공방은 운영자 중심이 아니라 언제나 수강생 중심으로 설계해야 오래 갈 수 있다는 것이에요.

■ 핵심 포인트

✔ 공방 자리는 운영자가 아닌 고객 관점에서 찾자
✔ 대중교통으로 이동 가능한 장소 선택은 필수

13. 인테리어 할까? 말까?

공방 공간이 확정되고 나니 이번엔 인테리어 고민이 시작됐어요.

요즘 새롭게 오픈하는 카페나 학원들을 보면 정말 세련되고 고급스럽게 꾸며 놓는 경우가 많으니까요.

처음에는 저도 이런 멋진 인테리어를 해 볼까 하는 생각이 들었어요.

하지만 현실적으로 인테리어 비용은 상당히 부담이 컸어요.

목공방이라는 공간 특성상 결국 기계와 자재들이 대부분 공간을 채울 거였고, 수업을 진행하다 보면 환경도 어수선해지고 자칫 인테리어 구성이 비효율적으로 변할 수도 있겠다는 생각이 들었어요.

그래서 오히려 '멋을 내는 인테리어보다 실용적인 공간을 만들자'고 방향을 바꿨어요.

대신 깔끔하고 따뜻한 느낌이 들 수 있도록 기본 바닥 정리와 조명 정도만 신경 썼어요. 그리고 안전을 생각해 전기공사까지만.

무엇보다 목재 자체가 주는 따뜻함이 있으니 굳이 별도의 고급 인테리어가 필요하진 않다고 판단했어요.

기계를 배치할 공간, 수강생들이 작업할 작업대, 이동 동선 확보 등 교육공방으로서 필요한 요소에 집중하면서 공간을 설계했어요.

덕분에 비용 부담도 줄이고, 실제 운영 효율성도 확보할 수 있었고요.

그리고 또 하나 신경 쓴 건 출입문이었어요.

지하 공간이라 문을 닫으면 외부에서 안이 전혀 보이지 않는 철문이 설치되어 있었는데, 이 부분은 수강생 입장에서 심리적인 부담을 느낄 수도 있겠다고 생각했어요.

그래서 출입문을 유리 방화문으로 교체했어요.

이렇게 하니까 외부에서도 공방 내부가 잘 보이고, 처음 방문하는 수강생분들도 훨씬 더 안심하고 출입할 수 있게 됐어요.

결국 인테리어라는 것도 보여 주기 위한 멋으로 접근하기 보다는, 수업의 본질에 집중하면서 수강생 입장에서 필요한 편안함을 채워 주는 목적으로 다가가는 게 더 중요했어요.

■ **핵심 포인트**
- ✔ 인테리어의 범위는 수업 목적에 딱 필요한 만큼만
- ✔ 보여 주기식 인테리어보다 본질에 집중하자

14. 기계 세팅, 난 교육공방인데

공방 준비 과정 중에 가장 많은 시간을 고민하게 만든 게 바로 기계 세팅이었어요.

목공방은 다른 교육 공간과 달리 필수적으로 다양한 기계가 필요한 곳이에요.

그런데 문제는 기계 종류가 워낙 다양하고 가격대도 천차만별이라는 점에서 쉽게 결정을 하기 어려웠어요.

초기에 견적을 받아 보니, 단순히 갖출 수 있는 기계만 계산해도 꽤 큰 금액이 필요했어요.

게다가 처음부터 모든 공정을 감당할 정도로 대형 기계를 들여놓기엔 공간도 한계가 있었고, 무엇보다 교육공방이라는 운영 목적에 맞지 않는 장비들도 있었어요.

그래서 다시 원점에서 생각했어요.

'내가 어떤 공방을 만들려고 하는 거지?'

'이 공간에서 수업을 듣는 수강생들에게 어떤 장비가 필요할까?'

결국 교육공방이라는 본질로 돌아가기로 했어요.

장비를 선택할 때 기준을 세웠어요.

수강생들이 안전하게 다룰 수 있으면서도 목공의 기본기를 충분히 익힐 수 있는 장비, 그리고 자격증 과정에서도 필요한 장비 위주로 한정하기로 했어요.

대신 불필요한 장비는 과감히 배제했어요.

남들이 갖췄다고 해서, 언젠가 필요할 수도 있다고 해서 장비를 채우다 보면 결국은 비효율적인 투자로 이어질 수밖에 없으니까요.

초기에는 소형 장비 위주로 구성을 시작했고, 운영하면서 수강생들의 수업 흐름과 작업과정을 살피며 조금씩 필요한 장비를 추가해 갔어요.

이렇게 단계적으로 세팅하다 보니 초기 투자 부담도 줄이고, 불필요한 장비가 자리만 차지하는 상황도 만들지 않을 수 있었어요.

■ 핵심 포인트
✔ 기계 견적은 최소 두 곳 이상에서 받기
✔ 한 번에 구입하는 것보다 단계별로 필요할 때 구입하자

15. 효율성이 중요한 기계실 동선

기계 세팅을 마친다고 끝이 아니었어요.

실제로 운영을 시작해 보니 기계 배치 동선이 예상보다 훨씬 더 중요하다는 걸 바로 실감했어요.

처음에는 기계 크기와 안전거리를 기준으로 배치를 했어요.

공간이 넓은 곳은 아니었기에 기계를 최대한 깔끔하게 배치하고 작업대와 수강생들의 이동 동선 정도만 고려했죠.

하지만 막상 수업이 시작되자 여러 문제가 보이기 시작했어요.

특히 목공 작업 특성상 공정마다 기계 이동이 반복되거든요.

목재 재단을 하고, 가공을 하고, 조립을 하고, 샌딩을 하는 일련의 과정들이 자연스럽게 흘러야 하는데, 초반엔 수강생들이 자꾸 겹치거나 한 기계를 사용하려고 줄이 생기기도 했어요.

두 번째로 수정한 건 먼지 발생량을 기준으로 한 배치였어요.

먼지가 많이 나오는 작업을 하는 기계들은 구석으로 몰아 먼지 확산을 줄이려고 했죠.

그런데 이 방식도 한계가 있었어요.

일부 기계는 먼지가 적게 나와도 사용 빈도가 높다 보니 작업 흐름이 또 불편해졌어요.

결국 세 번째로 기계 동선을 다시 조정했어요.

이번에는 '수업 흐름' 기준으로 배치를 바꿨어요.

목재 보관 → 재단 → 가공 → 조립 → 샌딩 → 마무리까지 자연스럽게 흐르는 구조로 맞춰서 지금의 기계 배치가 완성됐어요.

이렇게 동선을 잡고 나서부터는 기계실 구조를 더 이상 바꾸지 않아도 될 만큼 안정적인 작업 환경이 만들어졌어요.

덕분에 수강생들도 수업 중 이동에 불편함을 느끼지 않고 자연스럽게 작업 흐름을 따라가게 되었고요.

기계 배치는 단순히 자리만 잡는 문제가 아니라 수강생들의 교육 만족도, 수업 진행 속도, 심지어 안전성까지 좌우하는 핵심이 되어 주기에 한 번 자리를 잡았다고 해서 불편을 감수하면서까지 유지하는 건 바람직하지 않아요.

아무래도 기계들이 무겁고 이미 자리를 잡은 기계들을 옮기는 게 쉬운 일은 아니지만 불편함을 감수하면서 사용하다 보면 작업 효율을 넘어 안전사고의 위험성도 올라갈 수 있기 때문에 최적의 동선 찾기 노력은 계속되어야 해요.

■ 핵심 포인트

✔ 기계실 동선은 작업 효율성이 첫 번째
✔ 언제든 변경할 수 있는 구조로 기계 세팅하기

16. 목재, 어디서 구입해야 하나?

목공을 배우고 창업을 준비하기 시작하면서 가장 막막했던 것 중 하나가 바로 '목재는 어디서 사야 하지?'라는 고민이었어요.

수업에서는 가구 만드는 법, 공구 다루는 법은 배울 수 있었지만, 막상 공방을 차리려고 보니 목재 수급은 전혀 감이 잡히지 않았어요.

처음에는 인터넷을 검색하면서 나무를 파는 곳들을 찾아봤어요.

온라인 쇼핑몰에 나와 있는 소량 재단 목재나 DIY용 소품용 목재들이 있었지만, 이걸로는 본격적으로 교육을 하거나 가구를 제작하기에는 분명 한계가 있었어요.

그래서 동네 목재상도 찾아가 보고, 직접 발품을 팔기 시작했어요.

하지만 소량 판매처들은 대체로 단가가 높았고, 재료 수급이 점점 걱정이 되기 시작했어요.

이대로는 공방 운영을 시작하기 전에 재료를 들일 수 있을까? 하는 걱정이 더 커질 것 같았죠

결국 이때 의지한 곳이 바로 벤치마킹을 통해 알게 된 교육공방이었어요.

좋은 관계를 맺은 덕분에 목재를 어디서 구입하는지 물어볼 수 있었고,

추천 받은 업체에 연락을 해서 직접 방문까지 할 수 있었죠.

목재를 공급받는 업체를 선정할 때 한 가지 분명히 느낀 게 있었어요.

직접 가서 보는 게 가장 정확하다는 거였어요.

목재 보관 상태, 수분 관리, 적재 방식, 창고의 위생 상태까지 실제로 봐야 안심할 수 있었어요.

인터넷 사진이나 담당자 통화만으로는 확인할 수 없는 부분들이 생각보다 많았어요.

그렇게 몇 군데를 돌고 상담을 하다 보니 목재 전문 유통업체들이 많이 모여 있는 인천 북항이라는 곳도 알게 됐어요.

규모가 큰 업체들이 모여 있어서 품목도 다양하고 비교가 쉬웠어요.

중간에 한번은 업체를 바꿨던 적도 있어요.

목재 업체 영업사원의 방문 영업으로 다른 곳으로 바꿔봤는데요, 품질 차이가 확실히 나는 걸 보고 다시 기존 거래처로 돌아왔어요.

목공 교육에서는 재료가 수업의 질을 결정짓는 가장 중요한 요소 중 하나예요.

조금 단가가 비싸더라도 품질이 좋은 목재를 사용하는 게 장기적으로 훨씬 안정적이고 신뢰도도 높일 수 있어요.

지금은 몇 년간 거래를 해오면서 좋은 신뢰 관계가 쌓인 업체에서 안정적으로 꾸준히 목재를 공급받고 있어요.

이렇게 정착하기까지 시간이 걸리긴 했지만, 결국 목재 구입도 경험으로 배우는 과정이었다고 생각해요.

수강생분들이 저에게 가끔 물어보세요.

"선생님, 목재는 어디서 사는 게 좋아요?"

그럴 때 저는 이렇게 대답해요.

"직접 발품을 팔아 보세요. 직접 보고 확인하는 것만큼 좋은 공부는 없어요."

■ **핵심 포인트**
- ✔ 목재는 판매업체에 직접 가서 눈으로 확인하자
- ✔ 물류비 체크는 필수, 배보다 배꼽이 클 수 있어요

17. 목공방 창업, 얼마면 될까?

창업을 준비할 때 가장 궁금했던 건 '창업 비용'이었어요.

저 역시 처음엔 도대체 얼마가 들어가는지 알 수가 없었고, 어디에서도 딱 떨어지는 정보를 찾기 어려웠어요. 그래서 직접 하나하나 확인해 보며 나만의 기준을 만들기 시작했죠.

목공방 창업비용은 크게 세 가지로 나눠 볼 수 있어요.

기계 장비 세팅, 환경 구성, 그리고 임대료를 포함한 공간 비용이에요.

기계 장비는 교육을 받으며 실제로 사용해 본 것들을 기준으로 리스트를 만들고 견적을 잡기 시작했어요. 초반엔 교육 중심인지 제작 중심인지 방향이 뚜렷하지 않아서 포괄적으로 준비했지만, 점점 '교육공방'으로 방향을 정하면서 꼭 필요한 장비 위주로 추려 나갔어요.

장비는 한 번에 모두 갖추기보다는, 수업을 시작하는 데 꼭 필요한 것부터 준비했어요.

예를 들어 테이블쏘, 자동대패, 밴드쏘, 드릴프레스, 집진기, 각도절단기, 루터테이블 각끌기 등이 있었고, 그 외 전동공구들은 수업을 진행하면서 하나씩 구비해 나갔어요.

만약 제작 중심으로 공방을 계획한다면, 슬라이딩 테이블쏘나 CNC 같은 대형 장비가 필요할 수도 있어요. 하지만 이런 장비는 공간도 많이 차지하고, 비용도 수천만 원 단위로 올라가니 초기부터 도입하긴 쉽지 않아요.

처음엔 인테리어를 외주로 맡기려고 했지만 견적을 받아 보고 예산 문제로 바로 방향을 틀었어요.

'직접 해 보자'는 마음으로 필요한 부분만 최소한으로 세팅했죠.

하지만 막상 해 보니 예상 못 한 비용이 계속 발생했어요.

특히 전기공사에만 800만 원이 추가되었고, 공간이 구획되어 있다 보니 구역마다 에어컨을 따로 설치해야 했어요. 작업 피로감을 줄이기 위해 작업실 바닥엔 카펫을 깔았고, 철문은 방화 유리문으로 교체하기도 했죠.

이처럼 눈에 잘 보이지 않는 환경 비용이 의외로 예산에 큰 영향을 줬어요.

공간을 마련할 때는 월 임대료뿐 아니라 보증금도 꼭 함께 생각해야 해요. 서울 기준 지하 1층, 30~40평 규모 공방이라면 보증금은 1,500만 원에서 2,500만 원, 월세는 100만 원에서 200만 원 정도 생각하시면 돼요. 그리고 지상층 상가를 구하려 한다면, 지하보다 2배에서 많게는 3배까지 임대료가 상승할 수 있어요. 고정비 구조를 잘 이해하고, 감당 가능한 수준에서 공간을 선택하는 게 무엇보다 중요해요.

저의 경우, 교육 중심 공방을 기준으로, 기계 장비 구입 약 3,000만 원, 환경 세팅 약 2,500만 원, 초기 목재 구입비 약 250만 원, 예비비 1,000만 원, 그리고 여기에 보증금과 임대료를 더해 약 8,000만 원 전후의 창업 비용이 들었어요.

그렇다고 해서 이 금액이 정해진 틀은 아니에요.

환경을 잘 살피고, 꼭 필요한 것부터 차근차근 준비한다면 초기 자본이 넉넉하지 않아도 공방 창업은 충분히 가능해요.

중고 장비를 잘 활용하고, 환경 세팅을 직접 시도해 보고, 교육 중심으로 기계를 간단히 구성한다면 기계 장비 2,000~2500만 원, 환경 구성 약 1,000~1,500만 원, 예비비 500만 원, 즉 보증금을 제외하고 약 4,000만 원 내외로 시작해 볼 수도 있다고 생각해요.

■ **핵심 포인트**
✔ 내가 운영하려는 공방 형태가 결정되면 그때 예산 계획을 잡자
✔ 기계 장비는 한 번에 구입하기보다는 필요할 때마다 나눠 구입하자

2장

오픈 준비와 고객 관리

1. 과정 세팅하기

공방 공간을 모두 세팅하고 나니 이제 본격적으로 '어떤 수업을 운영할 것인가'라는 고민이 시작됐어요.

처음부터 정답이 있는 건 아니었어요.

목공이라는 게 취미로도 접근할 수 있고, 자격증처럼 전문성으로도 접근할 수 있잖아요.

그렇다 보니 초기에 어떤 과정을 구성할지 방향을 잡는 것이 생각보다 쉽지 않았어요.

그래서 저는 이렇게 정리했어요.

처음에는 '많이 해 보자, 다양하게 해 보자'였어요.

입문 과정, 전문 과정, 그리고 원데이 클래스까지 한 번에 시작하기로 한 거예요.

입문 과정에서는 DIY를 중심으로 쉽고 가볍게 목공을 경험할 수 있게 했고, 전문 과정에서는 짜맞춤 가구제작을 중심으로 목공의 본격적인 기술 습득을 목표로 했어요.

그리고 원데이 클래스는 도마 만들기 같은 간단한 소품 제작으로 부담 없이 체험할 수 있도록 구성했어요.

왜 이렇게 구성했냐면, 처음 창업할 때는 어떤 수강생들이 찾아올지 전혀 감이 없었거든요.

경험이 없는 상태에서 한 가지 과정만 고집하다 보면 수강생들의 니즈를 파악하기 어렵고, 운영도 한쪽으로 치우칠 수 있다는 걱정이 있었어요.

초반에는 이런 폭넓은 구성 덕분에 수강생층이 자연스럽게 분류가 되기 시작했어요.

단순 취미로 배우려는 분, 자격증을 준비하려는 분, 그리고 본격적으로 기술을 배우고 싶어 하는 분들이 각자 원하는 과정을 선택하면서 공방의 색깔이 서서히 자리 잡아 가기 시작했어요.

이 과정 세팅은 결국 나무를품다가 '교육공방'으로 자리 잡을 수 있는 기초 작업이 돼 주었어요.

수강생분들의 다양한 목적을 받아들이면서도, 운영 시스템이 흔들리지 않도록 기본 뼈대를 세운 단계였어요.

■ **핵심 포인트**
✔ 다양한 과정 오픈을 통해 집중할 과정을 찾자
✔ 과정을 진행하다 보면 고객층이 형성된다

2. 커리큘럼 만들기

과정을 세팅한 다음엔 본격적으로 커리큘럼을 다듬는 일이 시작됐어요.

이건 단순히 어떤 작품을 만들게 할까를 고민하는 것 이상으로 중요했어요.

왜냐하면 공방을 찾는 수강생들의 수준과 목적이 다 다르기 때문이에요.

사실 커리큘럼을 짜는 건 생각보다 어렵지 않았어요.

그동안 제가 수강생 입장에서 교육을 받으며 참고했던 여러 교육기관들의 커리큘럼을 이미 비교해 두었기 때문이에요.

배우면서 부족했던 부분, 불필요하다 느꼈던 부분을 정리해 뒀던 게 큰 도움이 됐어요.

저는 '배우는 사람이 편해야 한다'라는 원칙으로 커리큘럼을 구성했어요.

가르치는 사람이 편한 방식으로 진행하면 수업 속도가 지나치게 빨라질 수도 있고, 반대로 세세한 설명만 반복하다 보면 진도가 너무 늘어질 수도 있다는 판단에서였어요.

수강생이 지치지 않으면서도 실력이 쌓일 수 있도록 균형을 잡는 게 중요했어요.

그래서 입문과정에서는 DIY 방식으로 가볍게 공구를 익히게 했고, 전문 과정에서는 본격적으로 짜맞춤 제작을 배우며 수공구부터 전동공구, 기계 사용까지 자연스럽게 단계별로 익힐 수 있도록 짰어요.

이 과정을 통해 가구 제작의 전체 흐름을 이해할 수 있도록 구성했어요.

여기에 원데이 클래스는 단순 체험으로 끝나지 않도록 "작지만 스스로 뭔가 완성했다는 경험"을 남길 수 있도록 세심하게 설계했어요.

이 작은 성취감이 결국 장기 수강으로 이어지는 경우가 있을 테니까요.

무엇보다 커리큘럼을 짜면서 가장 중요하게 본 건 '완강 후에도 혼자서 만들 수 있는 수준까지' 올리겠다는 목표도 있었어요.

목공이라는 게 배우고 끝나는 게 아니라, 배우고 나서 스스로 만들어 갈 수 있어야 진짜 재미가 붙는다고 생각했어요.

이렇게 초반에 커리큘럼을 충분히 고민하고 만들어 둔 덕분에 지금까지 큰 수정 없이 공방 시스템이 안정적으로 운용되고 있어요.

물론 운영하면서 수강생들의 피드백을 참고하고 도움이 될 것 같은 부분들은 조금씩 수정을 계속하고 있어요.

■ **핵심 포인트**
✔ 다양한 커리큘럼으로 고객 만족도 올리기
✔ 커리큘럼과 실제 수업의 일치는 필수

3. 첫 고객, 어떻게 유치할까?

공방을 오픈하기로 날짜를 정해 두고도 가장 큰 걱정은 역시 '과연 첫 수강생이 올까?' 하는 거였어요.

아무리 준비를 잘 해도 수강생이 한 명도 없다면 모든 준비가 소용없어지니까요.

다행히도 저는 창업을 준비하는 초기 단계부터 블로그를 운영하고 있었어요.

처음엔 단순히 창업 기록을 남기는 일기처럼 시작했는데, 어느새 이 블로그가 저에게 첫 마케팅 채널이 되어 주었어요.

블로그에 공방 오픈 준비 과정, 교육 방향, 커리큘럼 소개, 그리고 저만의 운영 철학까지 솔직하게 담아 갔어요.

이걸 보고 연락을 주신 분들이 하나둘 생기기 시작했어요.

아직 오픈도 하지 않았는데 "오픈하면 꼭 배우고 싶다"고 미리 예약 문의를 주신 분들이었죠.

그리고 드디어 오픈 첫 주말.

저에게 첫 수업이 시작되는 날이 다가왔어요.

첫 수업에는 총 다섯 분이 등록을 해 주셨는데 그 다섯 분 중엔 블로그를 보고 미리 연락을 주셨던 분들도 계셨어요.

첫날 수업을 시작할 때의 그 설렘과 긴장은 아직도 기억에 남아 있어요. 공방이라는 공간에서 수강생들을 직접 맞이하고, 준비한 첫 수업을 실전으로 진행한다는 건 참 특별한 경험이었어요.

이 다섯 분이 저에게는 단순한 첫 고객이 아니라, 나무를품다가 실제로 세상에 첫 발을 내딛게 만들어 준 고마운 분들이에요.

첫 고객 유치가 어렵게 느껴질 수도 있지만, 정직하게 준비하고, 진심이 담긴 과정을 공개하고, 미리 내 이야기를 전달하는 과정이 있다면 첫 고객은 생각보다 가까운 곳에서 찾아와 주는 것 같아요.

■ **핵심 포인트**
✔ 마케팅은 공방 창업 준비를 할 때부터 시작하자
✔ 진심에 움직여 주는 고객들은 반드시 있다

4. 고객 관리는 내가 감당할 수 있는 만큼만

공방 운영에서 수업만큼 중요한 것이 바로 고객 관리예요.

목공 수업은 단기 체험이 아니라 몇 달씩 장기적으로 함께하는 경우가 많기 때문에 수강생 한 분 한 분과의 관계가 굉장히 중요하게 작용해요.

초창기엔 '내가 할 수 있는 만큼 최대한 잘해 드려야겠다'라는 마음으로 정말 열심히 관리했어요.

수업 중에도, 수업 외에도 질문이 오면 바로 답변을 드리고, 소소한 상담 요청에도 최대한 응하려고 했죠.

심지어, 식사를 하고 오지 못한 수강생분에게는 점심을 사 드리기도 했어요.

이런 행동들이 공방을 찾아 주시는 수강생분들에게 감사한 마음을 전하는 것이라고 생각했었어요.

하지만 수강을 하러 오시는 분들이 늘면서 신경을 덜 쓰게 되는 시점에 수강생 한 분이 말씀을 주셨어요.

"왜 예전하고 대해 주는 게 달라요?"

처음에는 이해가 안 됐지만 시간이 지나면서 한 가지 깨달은 게 생겼어요.

모든 걸 다 해 드리려고 하면 결국 서로가 힘들어진다는 것.

지나치게 과한 관리는 오히려 수강생들에게 부담이 될 수 있고, 운영자 입장에서도 지치는 순간이 찾아온다는 것이었어요.

그래서 어느 시점부터는 원칙을 세웠어요.

'내가 할 수 있는 범위까지만 정성껏 관리하자.'

수업 시간에는 최대한 집중해서 진도를 챙기고, 필요한 설명과 피드백을 충분히 제공하지만, 수업 외 시간에는 일정한 선을 유지해서 과도한 요구가 반복되지 않도록 하자.

이게 오히려 수강생 입장에서도 서로 존중받는 느낌을 주는 것 같았어요.

또한 목공이라는 특성상 스스로 연습하고 익히는 과정도 반드시 필요한데, 지나치게 손을 잡아 주다 보면 자립성을 키우는 데 오히려 방해가 될 수 있어요.

고객 관리는 무조건 많이 한다고 좋은 게 아니라, 수강생이 스스로 성장할 수 있도록 도와주면서도 적당한 거리감을 유지하는 것이 장기적으로는 공방 운영에 훨씬 건강한 방식이라는 건 지금도 변함없이 느끼고 있고 꾸준히 신경 쓰고 있는 부분이에요.

■ 핵심 포인트
- ✔ 고객에게 감사한 마음은 교육에 담아 보답하자
- ✔ 관심은 주는 사람과 받는 사람이 똑같이 생각하지 않는다

5. 이것만은 꼭 지키자

공방을 운영하다 보면 예상하지 못한 다양한 상황들을 만나게 돼요.

특히 목공이라는 특성상 남녀노소 다양한 분들이 찾아오시고, 때로는 1:1 수업이 진행되는 경우도 생기고요.

이 과정에서 반드시 지켜야 할 기준들이 있다는 걸 운영하면서 더욱 절실히 느끼게 됐어요.

가장 먼저 신경 썼던 건 수업 중 신체 접촉 최소화였어요.

목공은 작업 자세나 공구 사용법을 알려 주다 보면 어쩔 수 없이 신체의 일부인 손이나 팔, 어깨 등을 접촉해야 하는 경우가 발생해요.

하지만 이런 접촉이 자칫하면 불쾌감이나 오해로 이어질 수 있다는 걸 항상 염두에 두어야 해요.

그래서 처음부터 수업을 할 때는 말로 최대한 자세히 설명하고, 시범을 반복적으로 보여 주는 방식을 선택했어요.

이렇게 하다 보니 자연스럽게 불필요한 접촉을 피할 수 있었어요.

또 하나 중요하게 지켜 온 건 모든 수강생을 동일한 기준으로 대하는 것이었어요. 수강생마다 관계 유지력, 친밀함의 정도가 차이가 있고 성향이 밝은 분들, 그리고 조금은 조용한 것을 즐기는 분들도 계세요.

기념일에는 작지만 커피나 케이크를 선물해 주시는 수강생분들도 계시고요. 이러다 보면 감사함이 수업 중에 저도 모르게 친밀한 어투나 작업을 봐 드리는 시간이 길어지는 경우로 변질되는 일도 생기게 되는데요.

이렇게 되면 다른 수강생분들이 볼 때는 특정 수강생에게 더욱 친밀하게 대해 주는 거 아닌가라는 오해를 불러일으킬 수 있고 나아가 불만으로 쌓일 수도 있어요.

이런 사소해 보이는 원칙 하나하나가 공방 운영의 신뢰를 쌓아 가는 밑바탕이 되어 주고 있기에 반드시 지켜야 하는 부분들은 기준을 잃지 않도록 더욱 신경 써야 해요.

■ 핵심 포인트
- ✔ 모든 수강생은 평등하게, 관계의 거리도 기준 안에서만
- ✔ 신체 접촉이 필요한 경우 사전 동의를 구하자

6. 특정 고객만 챙기면 생기는 일

공방을 운영하면서 꾸준히 마음속에 새겨야 하는게 있어요.
'모든 수강생은 공평하게 대해야 한다'
수강생분들의 실력은 저마다 조금씩 차이가 있어요.
어떤 분은 손재주가 좋아 금방 익히는가 하면, 어떤 분은 조금 더 시간이 필요한 경우도 있어요.
또 어떤 분은 질문을 많이 하면서 적극적으로 배우려 하고, 또 다른 분은 조용히 혼자 집중하는 스타일이기도 하고요.
문제는 이럴 때 강사 입장에서 자기도 모르게 더 손이 가는 수강생이 생길 수 있다는 거예요.
질문을 많이 하는 분이나 실력이 빨리 느는 분에게 자연스럽게 시간이 더 쏠리게 되죠.
그런데 이렇게 되면 조용히 배우는 수강생들은 상대적으로 소외감을 느끼게 돼요.
겉으로는 티를 내지 않아도 속으로는 '나는 왜 덜 봐주지?' 하는 서운함이 생길 수 있어요.
이게 반복되면 수업 만족도가 떨어지고 결국 수업 이탈로 이어질 수 있어요.

그래서 저는 항상 수업 중에 '고객 관심의 총량은 동일해야 한다'라는 생각으로 운영하고 있어요.

한 분에게 오랜 시간을 들였으면, 반드시 다른 분들도 한 번씩 진도를 확인하고 피드백을 드리려고 노력해요.

특히 개인 진도 방식으로 운영하는 공방에서는 이 원칙이 더 중요해요.

수강생 한 분 한 분이 각자 속도에 맞춰 배우되, 모두가 '나도 강사의 관심을 충분히 받고 있다'라고 느낄 수 있어야 해요.

나무를품다의 핵심 과정 중 자격증 과정은 배우는 수강생분들에게 얼마나 집중하냐에 따라 결과가 확연히 달라지게 돼요.

스스로 열심히 하는 것도 결과에 영향을 미치지만 강사가 어느 정도 신경을 쓰고 있는지가 곧 결과로 나오기 때문에 특정 고객만을 챙기고 있는지를 합격자 발표일에 바로 알 수 있게 되죠.

결국 공평함이 쌓일수록 수업 분위기는 더 좋아지고, 수강생들의 만족도도 자연스럽게 올라가는 것을 경험을 통해 알 수 있었어요.

■ 핵심 포인트
✔ 공평함이 무너지는 순간부터 불만은 쌓인다
✔ 강사의 관심에 따라 결과가 달라진다

7. 상담이 중요한 이유

목공 교육 공방에서는 수업만큼이나 수강 상담이 중요해요.

사실 상담이 제대로 이루어지느냐에 따라 공방의 좋은 이미지와 장기 수강 여부가 거의 결정된다고 해도 과언이 아니에요.

상담을 시작할 때 저는 항상 이렇게 물어봐요.

"목공을 왜 배우려고 하세요?"

이 질문 하나로 수강 목적과 방향이 대부분 정리가 돼요.

누구는 단순 취미로 시작하려고 하고, 누구는 자격증 취득이 목표고, 누구는 창업까지 염두에 두고 있기도 해요.

이렇게 수강생이 원하는 목표를 분명히 알아야 그에 맞는 과정과 수업 흐름을 제안해 줄 수 있어요.

상담할 때 가장 조심하는 건 과장하지 않는 것이에요.

'우리 공방은 이거 다 됩니다, 뭐든 할 수 있어요' 식의 상담은 오히려 독이 될 수 있어요.

처음엔 좋게 들릴지 몰라도 막상 수업을 시작하고 나면 현실과 차이가 생기면서 신뢰가 흔들릴 수 있어요.

그래서 상담에서는 있는 그대로를 말씀드려요.

수업의 장점뿐 아니라 준비해야 할 부분, 예상되는 난이도까지 솔직하게 안내해 드려요.

오히려 이런 솔직함이 수강생들의 신뢰를 높여 주는 것 같아요.

또 상담은 단순히 등록을 유도하는 과정이 아니라 '이분이 정말 우리 공방과 잘 맞을까?'를 서로 확인하는 시간이라고 생각해요.

목공은 장기간 수업이 이어지다 보니 시작부터 서로의 기대가 맞아야 수업도 편안하게 이어질 수 있어요.

지금까지 나무를품다의 수강 등록률을 보면 상담을 거친 분들의 등록 비율이 약 80%를 넘어요.

이건 단순히 상담을 잘해서가 아니라, 서로 충분히 이해하고 신뢰를 쌓은 상태에서 수업을 시작하기 때문이라고 생각해요.

■ 핵심 포인트
✔ 배우는 목적 파악이 상담의 첫 번째 질문
✔ 잘못된 상담은 첫 단추를 잘못 꿰는 것

8. 진상 고객은 마무리가 중요

    공방을 운영하다 보면 대부분의 수강생분들은 감사하고 좋은 분들이에요.

    하지만 가끔은 조금 까다로운 분들을 만날 때도 있어요.

    처음에는 이런 상황이 오면 심적으로도 육체적으로도 상상 이상으로 힘들었어요.

    '어떻게 해야 하나, 계속 받아 드려야 하나, 참아야 하나' 하는 고민이 계속해서 반복적으로 나타나게 되죠.

    지금까지도 아찔했던 경험으로 가끔 생각나는 사례는 처음엔 취미로 수업을 시작하셨던 수강생이었어요.

    처음 취미로 배울 때는 수업이 원활하게 잘 진행됐지만, 자격증 과정으로 넘어가면서 상황이 조금씩 달라졌죠.

    자격증 과정은 목표가 분명하기 때문에 일정한 진도와 강사의 피드백이 필수적인데, 이 수강생은 본인 스타일대로 작업을 하고 싶어 하셨어요.

    강사로서 실습 과정에서 계속 조언을 드리면 오히려 "왜 그렇게까지 간섭하느냐"라는 태도로 불편해하셨고, 잘못된 방법 또는 고쳐야 하는 자세를 말씀드려도 듣고 무시하는 태도를 일관하셨어요.

그러다 결국에는 감정이 올라오면서 수업 중 항의성 발언까지 이어지게 됐고요.

이럴 때 가장 중요한 건 감정적으로 대응하지 않는 거예요.

저도 마음은 힘들지만 최대한 차분하게 상황을 정리하려고 했어요.

그리고 결국에는 정중하게 퇴교를 요청드릴 수밖에 없었어요.

사실 퇴교를 요청드린 시점부터도 공방에 안 좋은 인상을 남기면 안 되기에 죄송하다는 표현을 계속 사용할 수밖에 없었는데요, 교육이라는 자부심이 무너지는 순간이기도 했죠.

사실 한 명의 수강생을 잃는다는 건 운영 입장에서는 쉬운 결정이 아니에요.

매출에도 영향이 있고, 공방의 평판에도 신경이 쓰이니까요.

하지만 다른 수강생분들에게 피해가 간다면 반드시 선을 그어야 한다는 기준을 갖고 있어요.

특히 장기적으로 운영을 하려면 공방 전체의 수업 분위기와 질서를 지키는 것이 무엇보다 중요하다고 생각해요.

진상 고객은 최대한 빠르고 단호하게 마무리 짓는 것이 결국 공방을 지키는 길이에요.

■ **핵심 포인트**
  ✔ 진상 고객은 최대한 예의를 지켜 퇴교를 권유하자
  ✔ 주변 수강생분들에게 피해가 간다면 진상 고객

9. 최고의 고객은 현재 수강생

공방을 운영하면서 시간이 지날수록 더 절실하게 느끼는 것이 있어요.

가장 소중한 고객은 이미 내 공방에서 배우고 있는 현재 수강생분이라는 사실이에요.

창업 초기에는 매출을 늘리기 위해 신규 수강생 모집에 집중했어요.

홍보도 열심히 하고, 블로그 글도 꾸준히 작성하고, 광고도 시도해 봤어요.

그렇게 해서 새로운 분들이 꾸준히 찾아와 주셨지만, 시간이 지나면서 한 가지를 깨닫게 됐어요.

새로운 사람을 찾는 것보다, 지금 함께 배우고 있는 분들이 꾸준히 오래 다니는 것이 훨씬 더 안정적이고 효율적이라는 것을요.

목공 수업은 단발성 체험이 아니라 몇 개월, 혹은 1~2년까지 이어지는 장기 수강 형태가 많아요.

따라서 수강생 한 분 한 분이 오래 다닐수록 공방의 운영도 자연스럽게 안정되죠.

그런데 이런 장기 수강은 특별한 마케팅으로 만들어지는 게 아니었어요.

결국 수업 그 자체가 최고의 마케팅이 되어 주죠.

수업에 오시는 동안 매번 배울 게 있고, 내 실력이 조금씩 발전하는 걸

체감하게 되면 굳이 다른 공방을 찾아볼 이유가 사라져요.

특히 수업 전 1~20분 정도는 수강생분들이 조금 일찍 도착하셔서 연습을 하시는 시간이 돼요.

이 짧은 시간 동안 수강생 한 분 한 분과 짧게라도 대화를 나누고, 지난 수업 이후 어떻게 지냈는지, 수업 진행 관련 어려운 점은 없는지 체크해 드리는 것도 소중한 시간으로 활용하고 있어요.

이 작은 소통이 장기 수강으로 이어지는 신뢰를 만들어 줬다고 생각해요.

새로운 수강생을 끌어오는 것도 중요하지만, 이미 함께하고 있는 분들을 잘 챙기는 것.

이것이 공방을 오래 유지할 수 있는 가장 기본이자 확실한 방법이라는 걸 지금도 매일 실감하고 있어요.

■ 핵심 포인트
- ✔ 기존 수강생분들의 만족도가 최고의 마케팅
- ✔ 고객에게 줄 것이 있다면 몇 배로 돌아온다

10. 지인은 등록할 수 없어요

공방을 운영하다 보면 지인들이 종종 이런 이야기를 해요.

"힘들면 얘기해 내가 배우러 갈게."

처음에는 이런 말들이 고맙기도 했어요.

내가 하는 일에 관심을 가져 주고, 도와주고 싶어하는 마음이 느껴졌으니까요.

그런데 공방을 실제로 운영하면서 결심한 원칙 중 하나가 바로 '지인은 수업 등록을 받지 않는다'였어요.

이유는 간단했어요.

지인은 결코 객관적인 고객이 될 수 없다는 걸 알고 있기 때문이에요.

처음에는 서로 조심하면서 시작하지만, 시간이 지나면 관계가 애매해지기 시작하죠.

수업 중에 더 봐주길 기대하거나, 과제를 느슨하게 받아들이기도 하고, 가끔은 수강료 할인이나 별도의 배려를 요청받기도 할 거예요.

심지어 수업 중 피드백을 드릴 때도 불편함이 생길 수 있어요.

"내가 아는 사람인데 이렇게까지 말해야 하나?" 하는 고민이 드는 순간, 이미 수업의 균형은 무너지기 시작한 거예요.

그리고 지인 입장에서도 완전히 수강생으로 몰입하기는 어려울 테고요.

'내가 아는 사람이 운영하는 곳이니까…' 하는 심리가 스스로에게도 작용하는 경우가 생길 거 같았죠.

이런 흐름이 반복되면 결국 공방의 수업 분위기에도 영향을 줄 수 있어요.

저는 공방을 시작할 때 이 부분을 미리 명확히 선을 그었어요.

지인을 배제하는 게 아니라, 오히려 서로를 지키기 위해서였어요.

그 덕분인지 지금까지도 지인 관계에서 불편한 상황을 만들지 않고 운영을 이어 올 수 있었어요.

가끔 지인 중 몇몇 분은 그냥 체험 삼아 한번 놀러 오고 싶다고 하시기도 해요.

이럴 땐 정중하게 이렇게 말씀드려요.

"고맙지만 진짜 배우고 싶은 거라면 다른 곳을 추천해 줄게."

지인을 수강생으로 받지 않는 것, 이건 결국 공방 운영의 지속성을 위한, 그리고 관계를 지키기 위한 저만의 작은 운영 철학이 되어 있어요.

■ 핵심 포인트
- ✔ 지인의 수강신청은 마음으로만 받자
- ✔ 현실적인 운영 상태를 체크하려면 지인 제외하기

11. 수료증 하나로 달라지는 만족도

나무를품다에서는 정규 과정을 이수하신 분들께 수료증을 드리고 있어요.

누군가는 그저 종이 한 장으로 생각할 수도 있겠지만, 저에게, 그리고 수강생분들에게 이 수료증은 단순한 종이 이상의 의미를 가지고 있어요.

목공이라는 새로운 분야에 도전하는 건 누구에게나 쉽지 않은 선택이에요.

처음엔 두려움도 있고, 과연 내가 잘할 수 있을까 걱정도 많죠.

하지만 그런 걱정들을 이겨 내고 한 과정 한 과정을 성실하게 이수한 뒤에 받게 되는 수료증은 그 자체로 "내가 해냈다"는 증명서가 되어 주는 것 같아요.

수료증을 건네 드릴 때면, 굳이 말을 하지 않으셔도 수강생분들의 표정에서 그 감정이 고스란히 전해져요.

조금은 뿌듯하고, 조금은 뭉클해하는 그 미소에서

"아, 내가 이걸 해냈구나."

"나도 할 수 있구나."

하는 감정이 자연스럽게 묻어 나와요.

그리고 저는 그 성취감을 꼭 느끼게 해 드리고 싶었어요.

새로운 기술을 배우고, 두 손으로 결과물을 만들어 내고, 그 과정을 끝까지 마무리했다는 자부심을 갖게 해 드리는 것, 그게 바로 교육 공방을 운영하는 큰 보람 중 하나예요.

흥미로운 건, 수료증을 받고 나면 많은 분들이 그걸 계기로 새로운 도전 의욕을 더 키우신다는 거예요.

일반 과정을 이수하고 수료증을 받은 분들 중에는 자격증 과정이나 심화 과정으로 자연스럽게 이어서 배우고자 하시는 분들도 많아요.

그렇게 또 다른 목표를 세우고 성취해 나가시는 모습을 볼 때면 저도 참 뿌듯한데요.

작은 종이 한 장일지 몰라도 그 안에는 배움의 시간과 노력, 도전의 결과가 모두 담겨 있기에 이 수료증은 수강생 분들에게는 물론 저에게도 특별한 의미를 가져요.

■ 핵심 포인트
✔ 수료증 한 장으로 해냈다는 성취감 선물하기
✔ 수료증은 다음 과정으로 자연스럽게 넘어가는 힘

12. 정가 정책을 고수하는 이유

나무를품다에서의 수강료 책정은 복잡하지 않아요.

어떤 과정을 수강하시든, 수강료는 동일하게 정가로 운영되고 있어요.

입문 과정이든, 전문 과정이든, 자격증 과정이든, 창업 과정이든 모두 동일한 기준으로 적용하고 있어요.

사실 공방을 막 시작했을 때는 저도 할인 제도를 도입했었어요.

누군가는 수업을 오래 듣는다며 할인을 요구했고, 누군가는 일주일에 많이 오겠다며 금액을 조정해 달라고도 했죠.

초반이다 보니 그때는 조금씩 맞춰 주기도 했었어요.

그런데 그게 점점 문제가 되기 시작했어요.

누구는 얼마를 내고, 누구는 얼마를 내는지 저 스스로도 한 달 수강료를 정확히 기억하지 못하는 경우가 생기기 시작했고, 무엇보다도 수업을 진행하면서 제 안에서 미묘한 차별 의식이 생기는 걸 느꼈어요.

"이분은 할인을 해 줬으니까 이 정도까지만 알려 드려도 되겠지."

"이분은 수강료를 많이 내니까 조금 더 신경 써야겠지."

이렇게 작은 기준 차이가 결국 수업 태도에도 영향을 미칠 수 있다는 걸 깨달았어요.

교육공방에서는 절대 이런 기준이 있어서는 안 돼요. 모든 수강생분들이 같은 수강료를 내고, 같은 교육을 받고, 같은 관심과 지도를 받아야 하는 것이 기본이 되어야 해요.

그래서 어느 순간부터 정가 정책을 확고하게 세웠어요.

'개인별 차별적인 할인은 없다. 기준은 하나다.'

그렇게 했더니 오히려 수업의 질이 훨씬 안정되었고, 저도 모든 수강생분들에게 똑같은 태도로, 똑같이 최선을 다할 수 있게 됐어요.

창업 초반에 기억나는 일이 하나 있어요.

어떤 분이 상담을 오셨는데 이렇게 말씀하셨어요.

"나는 일주일에 많이 올 건데 수강료를 얼마까지 할인해 줄 수 있어요? 안 된다면 다른 곳을 알아볼게요."

운영 초반이라 고민이 되긴 했지만 결국 정중히 말씀드렸어요.

"그러면 나무를품다에서의 수업은 어려울 것 같습니다."

기준이 한번 무너지면 이후 기준도 계속 무너지게 되어 있어요.

그래서 저는 운영을 하면서 한번 정한 원칙은 가급적 끝까지 지키려고 해요.

지금 생각해 보면 이 정가 정책 덕분에 나무를품다는 지금까지 흔들림 없이 공정하고 편안한 수업 분위기를 유지해 올 수 있었던 것 같아요.

'같은 비용, 같은 관심, 같은 교육'

이 원칙을 지키는 것이 공방을 현명하게 운영하는 가장 중요한 비결이 아닐까 생각해요.

■ **핵심 포인트**

✔ 할인 제도는 자칫 수강생별 선을 긋게 된다
✔ 수강료가 모두 다르면 또 다른 관리 포인트가 생긴다

13. 할 게 없으면 할 걸 만들어요

공방을 막 창업했을 때는 수업이 많지 않았어요.

정해진 수업이 없는 날들도 종종 있었는데, 그럴 때마다 '오늘은 좀 쉬어 볼까?'라는 유혹이 찾아오곤 했어요.

하지만 그런 생각이 반복되다 보면 어느 순간 게으름이 습관이 되어 버릴 것 같다는 생각이 들었어요.

'이럴 때일수록 오히려 무언가를 해야 한다.' 그렇게 스스로에게 기준을 정했어요.

그래서 수업이 없는 날이면 무조건 정리정돈과 청소에 시간을 투자하기로 했어요.

목공방은 특성상 조금만 방심해도 금세 어지럽혀져요. 조금만 관리하지 않아도 하루 이틀 사이에 먼지가 수북이 쌓이고, 톱밥, 나뭇조각, 자투리 목재들이 여기저기 흩어져 있게 되죠.

그걸 방치하다 보면 보기에도 지저분하지만 무엇보다 위험해질 수 있는 상황까지 발생하게 돼요.

그래서 매 수업이 끝날 때마다 청소를 하는 건 당연하고, 수업이 없는 날에는 더 집중해서 공방 구석구석을 정비하고 청소했어요.

장비 주변 먼지를 깨끗이 닦아내고, 창고 정리도 하고, 쌓인 자투리 목재들은 버릴 건 버리고, 쓸 건 정리해서 정돈하고…

그 과정 자체가 어느덧 공방 운영의 루틴처럼 자리를 잡아 갔어요.

이렇게 꾸준히 정리정돈을 하다 보니 공방에 상담을 오시는 분들이 종종 이런 말씀을 해 주셨어요. "공방이 참 깨끗해요."

그리고 수업을 들으러 오시는 수강생분들도

"항상 정돈이 잘 되어 있어서 수업 받기가 좋아요."라는 말씀을 자주 해 주셨죠.

그럴 때마다 괜히 마음 한 켠이 뿌듯했어요.

'아, 내가 이걸 잘하고 있구나.'

사실 이 작은 습관이 공방의 신뢰도에도 긍정적인 영향을 미친다고 생각해요.

무엇보다 수업이 없는 날에도 '오늘도 뭔가 하고 있다'는 만족감이 생겼어요.

그 덕분에 운영 초반의 막막함이나 허전함도 훨씬 덜 느낄 수 있었던 것 같아요.

이렇게 초기에 잡힌 이 습관은 지금도 여전히 유지하고 있어요.

아무리 수업이 많아져도, 아무리 바빠져도, 공방의 청결과 정돈은 지금도 제가 가장 신경 쓰는 부분 중 하나가 됐어요.

■ **핵심 포인트**

✔ 운영 초반 할 게 없으면 나만의 할 일을 만들자
✔ 공방이 깔끔하다는 건 그만큼 열심히 관리하고 있다는 것

3장

교육 실행과 운영 노하우

1. 첫 수업 마치고 다시 세팅한 교육 방식

공방을 처음 오픈하고 가장 떨렸던 날이 바로 첫 수업이었어요.

창업을 준비하면서부터 교육 자료들을 하나하나 만들기 시작했고 제법 멋진 교육 자료를 만들 수 있었어요.

그리고 첫 수업에서 모든 것을 보여 드리고 싶었어요.

직장생활에서 교육 기획을 했던 경험이 있다 보니 PPT로 멋진 이론 자료도 만들고, 강의 노트도 깔끔하게 준비했죠.

준비한 이론 수업을 기반으로 목공의 원리와 기본 개념을 그 어느 때보다 열심히 설명드렸어요.

하지만 수업이 진행될수록 수강생분들의 표정이 조금씩 변하기 시작했어요.

처음엔 고개를 끄덕이며 열심히 듣다가, 시간이 갈수록 피로감이 보였어요.

뭔가 잘못된 것을 바로 알 수 있었어요.

"아, 이게 아니구나."

목공을 배우고 싶어서 찾아오신 분들은 책상 앞에 앉아 설명을 듣고 싶은 게 아니라, 손으로 직접 나무를 만져 보고, 공구를 다뤄 보고 싶으셨던 거예요.

처음 수업에서부터 이론 중심으로 시작하는 건 오히려 흥미를 떨어뜨릴 수 있겠다는 걸 알았죠.

그날 수업을 마치고 바로 교훈을 얻었어요.

이론은 짧게, 필요한 부분만 실습과 함께 자연스럽게 알려 주는 게 훨씬 좋겠다는 결론이었어요.

그래서 그 이후부터는 교육 방식을 전면 수정했어요.

이론은 실습 중간중간에 필요한 만큼 설명하고, 최대한 손을 많이 움직일 수 있도록 수업을 구성했어요.

지금 생각하면 첫 수업에서 시행착오를 겪었기에 빠르게 방향을 잡을 수 있었던 것 같아요.

그래서 첫 수업에 찾아와 주신 수강생분들께는 지금도 감사한 마음이 커요.

그분들이 아니었다면 훨씬 더 많은 시행착오를 거쳤을지도 모르니까요.

■ **핵심 포인트**
- ✔ 내가 생각하는 교육 방식이 정답은 아니다
- ✔ 잘못된 것을 알았을 땐 합리화가 아닌 개선을 해야 할 때

2. 내가 안다고 잘 가르칠 수 있을까?

목공을 배우기 시작하면서 정말 누구보다 열심히 준비했어요.

DIY부터 시작해서 짜맞춤 기법, 수공구 사용법까지 다양한 곳에서 꼭 필요한 기술들을 차근차근 배워 나갔어요.

그리고 그 과정에서 나만의 가구를 제작해 보며 실력도 꾸준히 쌓아 갈 수 있었어요.

그렇게 배우고 만들고 익히다 보니 실력은 분명히 올라갔어요.

하지만 교육공방을 운영하려면 실력만 가지고는 부족하다는 걸 알게 됐어요.

교육공방에서는 '내가 잘 하는 것'보다 '수강생이 잘 할 수 있게 만들어 주는 것'이 훨씬 더 중요하기 때문이에요.

기술을 습득하는 것과 교육을 하는 방법은 전혀 다른 영역이에요. 교육 실력을 키우기 위해서는 늘 한 가지 원칙을 잊지 않아야 했어요. 내가 기준이 아니라 배우려는 사람이 기준이 되어야 한다는 것.

성별, 이해도, 숙련도 모두 사람마다 다르고, 내가 쉽게 느끼는 동작이나 설명이 처음 배우는 분들에게는 전혀 다르게 느껴질 수 있어요.

내가 잘하니까 내 방식이 정답이고, 내가 생각하는 속도와 난이도가 적당할 거라는 착각을 해서는 절대 교육 공방을 운영할 수 없어요.

대부분 교육공방을 찾아오시는 분들은 톱질 한번, 기계 사용 한번 제대로 해 본 적이 없는 경우가 대부분이에요.

이걸 항상 명확하게 인식하고 수업을 시작해야 해요.

그래서 수업을 할 때마다 제일 먼저 생각하는 게 있어요.

"지금 이분이 처음 손에 톱을 쥐었을 때 어떤 마음일까?"

이걸 기준으로 수업의 속도도, 설명의 수준도, 시범의 횟수도 계속 조절해요.

그리고 실습 시간 동안에는 수강생 한 분 한 분을 직접 지켜보면서 그때그때 부족한 부분을 조금씩 보완해 드리고 있어요.

배우는 사람이 기준이 되는 교육.

이게 제가 운영하는 교육공방의 가장 중요한 기본이 되어 주고 있어요.

■ **핵심 포인트**

✔ 교육은 내가 아닌 상대방 입장에서 생각하자
✔ 교육 중 이해했는지에 대한 체크는 필수

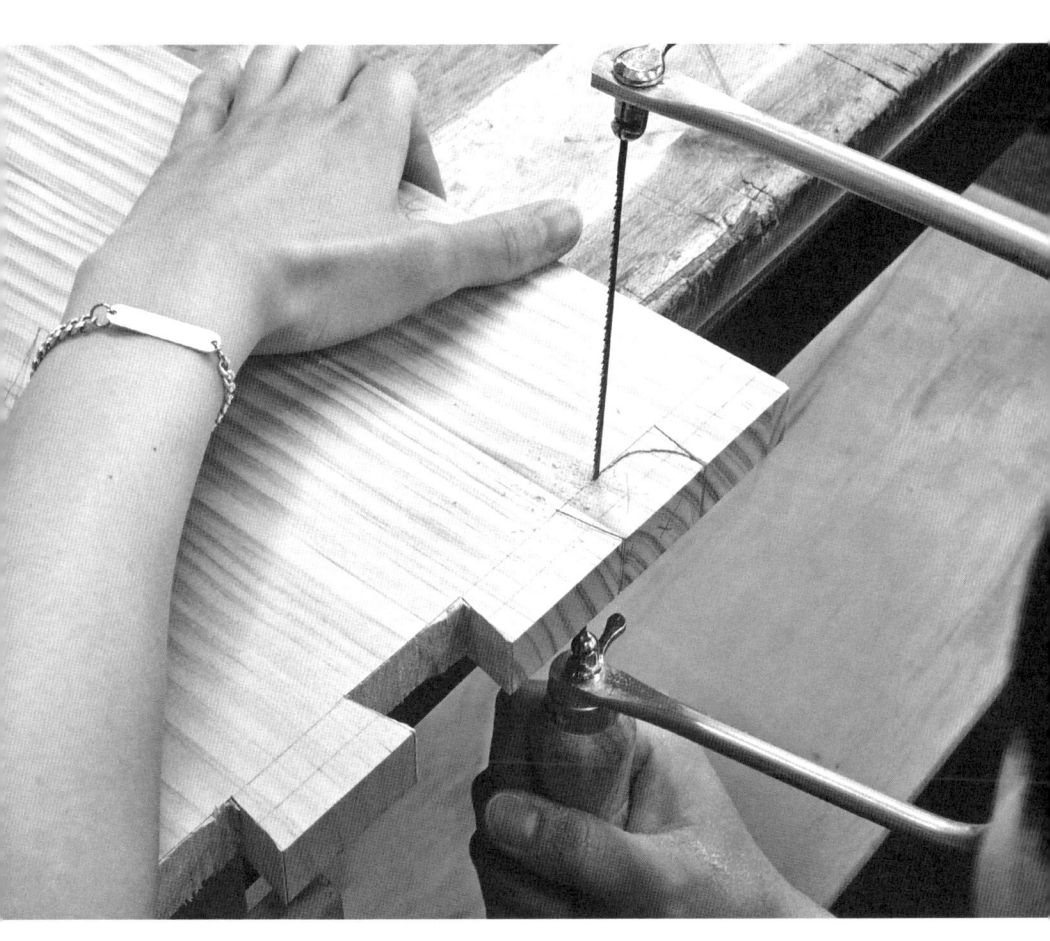

3. 자율반 한 달 만에 폐지한 이유

창업 초기에 공방을 알리기 위해 여러 가지 시도를 했었어요.

그중 하나가 바로 '자율반'이라는 이름으로 개방형 수업을 운영하는 것이었어요.

정규 수업과는 다르게 정해진 커리큘럼 없이 자유롭게 작업할 수 있도록 해 드리는 방식이었죠.

배운 만큼 스스로 작업을 하고, 필요한 부분만 강사가 옆에서 도와주는 형태였어요.

처음에는 이게 오히려 자유로워 보여서 수강생 분들에게 도움이 될 거라고 생각했어요.

'스스로 해 볼 기회를 드리는 것도 하나의 배움이 되지 않을까?' 하는 기대도 있었고요.

그런데 막상 운영을 시작하고 한 달 정도 지났을 때부터 문제가 보이기 시작했어요.

목공은 특성상 다양한 공구와 기계류들을 다루기 때문에 '자유롭게'라는 말이 언제든 위험으로 이어질 수 있다는 것을 명확히 인식하지 못했어요.

초보 수강생분들은 작업할 때마다 어떻게 하면 되는지 감을 못 잡고, 실수로 공구를 잘못 다루거나, 기계를 조작하다 사고로 이어질 뻔한 아찔한 상황도 있었어요.

특히 자율반에서는 제가 수시로 옆에 붙어서 확인해 줄 수 없다 보니 이런 위험요소를 사전에 통제하기가 어려웠고요.

그리고 또 한 가지 예상 못 했던 점은, 자율반이 오히려 초보자들의 성장에는 도움이 되지 않는다는 사실이었어요.

기본기가 부족한 상태에서 혼자 작업을 하게 되면 잘못된 습관이 그대로 굳어 버리기 쉽고, 한 번 잘못 배운 동작을 다시 고치는 데 더 많은 시간이 걸리기도 했어요.

결국 한 달 만에 자율반은 폐지하기로 결심했어요.

수강생 입장에서는 처음에 아쉬움이 있었을 수도 있지만 '안전하고 정확한 기본기'가 가장 우선이라는 또 하나의 운영 원칙을 세운 거예요.

그 이후부터는 모든 수업을 커리큘럼 중심의 단계별 실습 수업으로만 진행하고 있어요.

기초부터 차근차근 배우고, 강사의 지도 아래에서 실습하며 실력을 다져 나가는 방식이죠. 이 방식 덕분에 수강생분들의 실력 향상 속도도 훨씬 빨라졌고, 무엇보다 안전사고 걱정도 사라졌어요.

■ 핵심 포인트
- ✔ 교육은 시간이 중요한 게 아니고 질이 중요
- ✔ 자율반 운영 시 안전사고에 대한 대책 세우기

4. 누군가의 인생에 함께한다는 마음가짐

공방을 운영하면서 상담을 진행하다 보면 단순히 취미로 배우러 오시는 분들도 있지만, 의외로 인생의 전환점에 서 있는 분들이 많이 찾아오세요.

누구는 퇴직을 하고 제2의 인생을 준비하기 위해 찾아오시고, 누구는 직장생활에 지쳐서 새로운 기술을 배우고 싶어 오시고, 또 어떤 분은 취업 준비를 위해 자격증을 목표로 시작하시기도 해요.

이런 분들과 상담을 진행할 때마다 저는 늘 '책임감'이라는 단어를 스스로에게 되새기게 돼요.

그분들의 선택이 단순한 취미가 아니라 인생의 한 부분이 될 수도 있기 때문이에요.

목공을 처음 시작하는 분들은 대부분 두려움도 갖고 있어요.

"내가 잘할 수 있을까?" "너무 어려운 건 아닐까?"

그럴 때마다 저는 이렇게 말씀드려요.

"처음엔 누구나 어려워요, 힘도 들고요. 하지만 차근히 함께 해 나가다 보면 반드시 결과가 보일 거예요."

수업을 진행하다 보면 기술적인 부분만 가르치는 것이 아니라 함께 용기를 내고, 도전할 수 있도록 응원하는 역할도 동시에 하고 있음을 느끼게 돼요.

그리고 어느 순간 수강생분들의 실력이 쑥쑥 올라가는 모습을 볼 때마다 저도 함께 성장하고 있다는 기분이 들어요.

'내가 누군가의 새로운 시작을 함께 만들어 간다'

이 마음가짐이 지금까지 공방을 운영하면서 가장 보람되게 여기는 부분이에요.

■ **핵심 포인트**
- ✔ 목공교육은 책임감이 필요한 직업
- ✔ 누군가의 인생에 함께한다는 것에 보람을 갖자

5. 모든 사람들이 내 교육 방식에 만족하지는 않아

교육 공방을 운영하다 보면 수강생들의 반응이 언제나 똑같을 순 없어요. 누구는 만족해하고, 누구는 기대와 다르다고 느끼기도 해요.

이걸 인정하는 것도 교육자로서 반드시 필요한 마음가짐인 것 같아요.

저는 수업을 준비하면서 커리큘럼을 굉장히 꼼꼼하게 만들었어요.

배우는 분들이 '이 수업을 듣고 나면 스스로 가구를 만들 수 있게 된다'는 목표를 분명히 세워 두고 단계별로 실습 위주로 체계화했어요.

그리고 수업 시간에는 한 분 한 분 소홀하지 않도록 늘 신경을 쓰는 건 기본이었죠.

그런데 어느 날 한 수강생 분이 중도에 수업을 그만두겠다고 말씀하셨어요.

이유를 여쭤보니 이런 말을 남기셨어요.

"왜 자꾸 애기한테 가르치듯 하는 거예요?"

그분 입장에서는 제가 조금 더 상세히 설명하고, 반복적으로 시범을 보이고, 조금이라도 위험하거나 미숙해 보이는 동작이 있으면 그때그때 수정해 드리는 게 마치 너무 초보로 보는 듯한 느낌으로 다가왔던 것 같아요.

사실 저는 그만큼 안전을 우선으로 생각했고, 또 기술을 익히는 과정에서 기본기를 충분히 반복해야 실력이 올라간다는 경험을 갖고 있었기에 최선을 다해 수업을 진행하고 있었어요.

그래서 최대한 친절하고 자세히 알려 드리려는 마음이었는데 그게 오히려 불편함으로 다가간 경우였어요.

그때 또 알 수 있었죠.

내 교육 방식이 모두에게 맞을 순 없다는 것.

누구나 배움의 스타일이 다르고, 기대하는 수업 분위기도 조금씩 다르다는 걸요.

그래서 지금은 상담 때부터 이런 교육 철학을 솔직하게 설명드리고 있어요.

"저희 공방은 천천히, 기본부터 차근히, 실습 중심으로 수업을 진행합니다."

이렇게 미리 안내를 드리면, 대부분의 수강생 분들은 오히려 그런 점에서 안심하고 수강을 결정하세요.

교육이라는 건 결국 '내가 옳다'는 고집보다 '배우는 사람과의 호흡'이 중요하다는 걸 그 이후로 더욱 깊이 새기고 운영하고 있어요.

■ 핵심 포인트
✔ 모든 사람을 만족시킬 수 있는 교육 방식은 없다
✔ 공방에 맞는 수강생들에게 집중하자

6. 자격증 과정, 핵심 노하우는 뭘까?

목공을 배우는 분들 중에는 취미로 시작하시는 분들도 많지만, 자격증 취득을 목표로 시작하시는 분들도 꽤 많아요.

특히 최근 들어 자격증을 준비하겠다고 상담을 신청하시는 분들이 꾸준히 늘고 있어요.

목공 자격증 시험은 정해진 과제를 정해진 시간 안에 제작하는 시험이에요.

작품이 완성만 되면 되는 게 아니라 도면 해석, 정확한 치수 작업, 깔끔한 마감, 안전한 공구 사용까지 모두 평가에 포함돼요.

처음에는 이런 시험 내용을 보고 '어렵지 않을까?' 걱정하시는 분들도 계시죠.

하지만 저는 수업에서 항상 강조해요.

"시험도 결국 기본기에서 시작한다는 것을요."

처음 목공을 배우면 대부분 '무엇을 만들어야 하나'에만 집중하기 쉬워요.

하지만 자격증은 '어떻게 만들어야 하는가'가 훨씬 더 중요한 시험이에요.

그래서 나무를품다에서는 커리큘럼을 설계할 때부터 자격증 과정의 요구사항을 충분히 반영해 놨어요.

특히 가장 중점을 두는 건 톱질 연습과 날물 연마예요.

수공구의 숙련도가 높아야 치수 오차도 줄고, 완성도도 자연스럽게 올라가기 때문이에요.

그래서 정규 수업 때부터 이 부분을 꾸준히 반복하고, 시험이 가까워질수록 시간 관리와 실전 모의 연습까지 병행하면서 마무리 연습을 하고 있어요.

그리고 또 하나, 시험장 환경에 대한 정보도 수업에서 수시로 공유해요.

처음 시험장에 가 보면 긴장 때문에 실수하는 경우가 많거든요.

저도 시험을 여러 번 경험하면서 시험장에서 주의해야 할 장비 상태, 재료 상태, 시간 배분 등을 꼼꼼히 정리했던 기억이 있어요.

이런 실전 경험을 바탕으로 수강생분들께도 세세히 안내해 드릴 수 있고요.

간혹, 시험장소가 새롭게 오픈이 되고 그곳에서 시험을 응시하는 수강생들이 생길 때가 있어요. 이렇게 되면 시험장에 대한 정보가 없어 불안해할 수밖에 없기에 시험 첫날 제일 먼저 달려갔던 경험이 있어요, 그날도 환경을 파악하고 시험을 보러 오신 수강생분께 정보를 말씀드리려고 하는데, 첫 마디가, "원장님도 시험 보러 오셨어요?"였어요. 순간 웃음이 터져 나왔고 수강생분도 긴장이 풀리는 것을 알 수 있었죠.

시험 결과는 당연히 '합격'이었어요.

자격증 과정을 운영하는 노하우 덕분에 지금까지도 합격률도 높게 유지되고 있고, 수강생분들이 합격 소식을 전해 올 때마다 저도 같이 뿌듯함을 느끼고 있어요.

자격증 수업은 단순히 시험만 통과하는 과정이 아니라, 기본기와 실무를 함께 키워 주는 과정이 되어야 한다.

이게 나무를품다만의 강력한 핵심 노하우가 되어 주고 있어요.

■ 핵심 포인트
✔ 자격증 과정은 나만의 핵심 노하우가 있어야 한다
✔ 기본기 없는 자격증 준비는 남는 것이 없어요

7. 수업은 자랑이 아닌
할 수 있게 만들어 주는 것

기술이 전부라면, 그저 잘 만들기만 하면 될 거예요.

하지만 나무를품다는 단순히 기술을 보여 주는 곳이 아니라 교육을 전문으로 하는 곳이에요.

교육이라는 건 내가 잘 아는 것이 중요한 게 아니잖아요.

배우려는 분들이 잘 배울 수 있도록 만들어 드리는 것, 그게 바로 의미 있는 교육이라고 생각하고 있어요.

수업을 들었는데 수업이 끝난 후 스스로 아무것도 만들어 내지 못한다면, 그건 제대로 가르친 게 아니라고 생각해요.

물론, 빠르게 가구 하나를 뚝딱 만들어 내면 멋져 보일 수 있을 거예요.

하지만 그렇게 만든 결과물은 배우신 분의 실력으로 남기 어려운 경우가 많아요.

결국 과정이 끝난 후에도 새로운 가구를 스스로 만들지 못하고 다시 누군가의 손을 빌려야 하는 상황이 생길 수도 있고요.

나무를품다는 그렇게 하지 않아요.

느리더라도, 화려한 가구를 만들진 않더라도 기본기를 충실히 다지고, 과정을 마친 뒤에는 내가 만들고 싶은 가구를 스스로 시작할 수 있는 힘을 기르는 것을 목표로 하고 있어요.

이런 철학을 실현하기 위해 모든 수업은 개별 진도로 진행이 되고 있어요.

누구는 손이 빠르고, 누구는 조금 더디고, 누구는 이해가 빠르고, 누구는 조금 더 시간이 필요한데 그걸 한 줄로 세워서 같이 진행하는 집체 교육으로는 결코 각자의 실력을 키워 줄 수가 없기 때문이에요.

또 한 가지, 나무를품다의 강사들은 모두 목공 자격증을 다수 취득하고 가구 기능대회에서도 우수한 성적을 거둘 만큼 평소 실력을 갈고 닦고 있어요.

하지만 그 실력을 자랑하기 위해 수업을 진행하지는 않아요.

수업 시간에는 오로지 한 가지만 존재해요.

처음 목공을 배우러 온 초보 수강생분들이 안전하고 상세하게, 존중받으면서 목공 기술을 배우실 수 있도록 돕는 것.

그게 나무를품다 강사진이 지키고 있는 또 하나의 원칙이에요.

이런 교육 철학이 결국 수강생들의 실력을 키우고, 목공의 즐거움까지 전할 수 있는 가장 좋은 방식이라고 믿고 있어요.

■ 핵심 포인트
✔ 배우고 남는 것이 있는 교육 방식
✔ 기술만을 전달하는 건 교육 중에서 가장 쉬운 것

8. 강사 선생님이 필요해요

공방을 처음 오픈했을 때는 모든 수업을 제가 혼자 담당했어요.

처음에는 수강생분들이 많지 않았고, 클래스 수도 적다 보니 충분히 감당할 수 있었죠.

오히려 내가 직접 수업을 전부 챙길 수 있다는 점에서 안정감도 있었어요.

하지만 시간이 지나면서 조금씩 변화가 생기기 시작했어요.

수강생분들이 점점 늘어나고, 개설되는 클래스 수도 많아지면서 평일반, 주말반, 자격증반, 거기에 원데이 클래스까지 다양해지다 보니 혼자서 모든 수업을 진행하는 것이 점점 힘에 부치기 시작했어요.

수업 중에는 언제나 수강생 한 분 한 분께 관심을 드리려고 노력했는데, 수업이 많아질수록 어느 순간부터는 체력적으로도 부담이 오고, 조금씩 수업의 질이 떨어질 수 있겠다는 걱정이 들었어요.

그때부터 강사 선생님의 필요성을 진지하게 고민하기 시작했어요. 누군가 나를 도와 수업을 함께 진행해 주는 것뿐 아니라, 공방의 교육 품질을 유지하고 더 좋은 수업을 제공하기 위해서라도 이제는 강사 선생님이 필요하겠다는 결론에 도달했어요.

처음에는 외부에서 경력을 가진 강사 선생님을 초빙해 봤어요.

실력이 있으신 분이었지만, 나무를품다에서 진행하는 수업 방식과는 뭔가 이질감이 있었어요.

저희 공방에서는 기본기를 확실히 다지고, 수강생 중심으로 천천히 성장하도록 도와주는 방식을 중요하게 생각하는데, 외부 선생님과는 수업 진행 방식과 교육 철학에서 차이가 있었어요.

결국 다른 방향으로 강사 선생님을 찾기 시작했어요.

그렇게 고민 끝에 떠올린 방법이 바로 내부 수강생 중에서 강사를 양성하는 것이었어요.

이미 저희 공방에서 모든 커리큘럼을 이수하고, 수업의 흐름과 방식을 충분히 알고 계신 분들이기에 교육방식에 대한 이해도가 높고, 공방의 철학을 누구보다 자연스럽게 공유하고 있었어요.

그중에서도 강사 선발 기준은 단순히 실력만 보지 않았어요.

기본 실력은 물론이고, 무엇보다 중요한 건 사람에 대한 존중과 인성이었어요.

목공 수업이라는 게 단순히 기술만을 전달하는 것이 아니라 배우러 오시는 분들을 따뜻하게 응원하고, 격려하면서 함께 성장하도록 도와주는 일이기 때문이에요.

그래서 강사가 되실 분이 수강생을 진심으로 존중하고 배려할 수 있는 분인가를 가장 중요하게 봤어요.

이렇게 해서 첫 번째 강사 선생님이 공방에 함께하게 되었어요.

그리고 수업을 함께 진행하면서 확실히 느낀 게 있어요.

두 사람이 함께 수업을 하면 수업의 질이 한 단계 더 올라간다는 거였어요.

수강생분들께 세심한 피드백을 드릴 수 있고, 저 역시 수업 외의 공방 관리에도 더 집중할 수 있는 여유가 생겼어요.

물론 초창기에는 수강생 수가 많지 않은데 강사를 두게 되면 인건비 부담이나 수업 분배 문제가 걱정되기도 해요.

하지만 배우러 오시는 분들에게 최상의 교육 서비스를 제공하려면 적절한 시기에 강사 선생님을 두는 건 꼭 필요한 투자라는 걸 경험으로 깨닫게 됐어요.

■ 핵심 포인트
✔ 교육 철학을 공유하지 못하면 교육은 산으로 간다
✔ 내부 수강생이 최고의 강사

9. 교육의 시스템화가 주는 힘

직장생활을 할 때부터 저는 늘 '시스템의 중요성'을 몸으로 느끼며 일해 왔어요.

조직이 체계가 잡혀 있지 않으면 일이 꼬이기 마련이고, 결국 효율도 떨어지게 되니까요.

그래서 목공방 창업을 결심했을 때도 기술적인 부분 못지않게 관리 시스템을 먼저 세팅하는 것이 가장 중요하다고 생각했어요.

이런 경험을 바탕으로 나무를품다 목공교육원을 시작하면서 저만의 시스템을 처음부터 하나하나 만들어 갔어요.

그리고 지금도 이 시스템 덕분에 공방은 안정적으로 운영되고 있다고 믿어요.

나무를품다에서는 상담 단계부터 모든 과정이 체계적으로 이루어져 있어요.

수강 상담을 할 때 단순히 커리큘럼을 설명하고 등록을 받는 것이 아니라, 왜 배우는지에 대한 목적 파악을 시작으로, 향후 어떤 방향으로 진행되면 좋을지까지 협의하는 과정을 거치게 돼요.

이렇게 되면 어디서부터 어떻게 준비해야 할지 모르던 방향에 대한 그

림을 그릴 수 있기 때문이에요.

그리고 그 목표에 맞춰 첫 교육은 순조롭게, 하지만 명확한 목표를 갖고 시작하는 힘을 갖게 되죠.

교육이 시작되면 강사 선생님들은 각자의 맡은 역할에 따라 정해져 있는 커리큘럼을 하나씩 완성해 나가게 돼요.

저의 경우에는 상담을 시작으로, 교육 중간중간 수강생분들의 작업 진행 상태를 체크하고 불편한 점이 없는지, 혹시 힘들어하는 부분은 없는지 지속적으로 모니터링하며 필요한 피드백을 바로바로 드리고 있어요.

수업 중에는 수강생들도 시스템 안에서 자연스럽게 수업에 전념할 수 있어요.

공방에 도착하면 바로 톱질 연습으로 시작하고, 정해진 시간이 되면 본 수업으로 넘어가고, 수업을 마친 뒤에는 스스로 부족한 것을 파악하고, 정리정돈까지 진행하는 것이 이미 자연스러운 흐름으로 자리 잡아 있어요.

그리고 수업 도중 막히는 부분이 있으면 주저 없이 질문을 하고, 강사 선생님들은 바로 자세 교정이나 작업 요령을 제시해 주는 시스템으로 진행이 되고 있죠.

사실 목공이라는 작업은 반복과 꾸준함이 무엇보다 중요해요.

하지만 반복이 지루하지 않고, 단계마다 실력을 확인하고 성장할 수 있게끔 구조를 만들어 주는 것이 교육공방이 갖춰야 하는 시스템의 힘이라고 저는 믿고 있어요.

■ **핵심 포인트**

✔ 효율적으로 돌아가는 공방에 시스템화는 필수

✔ 수강생, 강사, 원장의 역할 분리부터 시작

10. 강사 관리가 공방 운영의 전부

지금 나무를품다에서는 대부분의 수업을 강사 선생님들이 맡아서 진행하고 계세요. 이렇다 보니 수업의 퀄리티, 수강생들의 만족도, 그리고 공방의 이미지는 곧 강사 선생님들의 모습과 연결될 수밖에 없어요.

강사 선생님들은 매일 수강생분들과 가장 가까운 곳에서 함께하고 있다 보니. 과정이 끝나고 수강생분과 마지막 인사를 나눌 때 항상 빠지지 않고 하시는 말씀들이 있어요.

"강사 선생님들이 너무 친절하게, 꼼꼼하게 알려 주셔서 잘 배웠어요."

이보다 더 기분 좋은 피드백은 없는 것 같아요.

이런 이야기를 들을 때마다 강사 선생님들께 늘 감사한 마음이 드는 것도 사실이고요.

저는 강사 선생님들께 복잡한 요구를 하지 않아요.

항상 한 가지 원칙만을 강조해서 말씀드리고 있어요.

"수강생분들이 제대로 배울 수 있도록 해 주세요."

누가 처음 배우러 오든, 혹시 이해가 조금 늦더라도 조급해하지 말고, 목소리를 높이거나 압박감을 주지 말고, 그분이 이해할 수 있도록 친절하고 꼼꼼하게 알려 드리는 것. 이 한 가지를 가장 중요한 기준으로 삼고 있어요.

그리고 방문해 주시는 수강생분들은 모두 달라요.

여성분일 수도 있고, 나이가 있으신 분일 수도 있고, 완전 초보일 수도 있고, 손재주가 조금 부족할 수도 있어요.

이런 다양한 성향을 빠르게 파악해서 각 수강생에게 맞는 설명과 지도를 해 주는 게 진정한 교육공방 강사의 역할이라고 생각해요.

물론 처음부터 강사 선생님들이 모두 이 기준을 잡고 시작한 건 아니었어요.

초반에는 수업 진행 방향이 조금 어긋나는 경우도 있었고요.

그럴 때는 제가 매일 수업 상황을 모니터링하고, 그날 수업 내용을 정리해서 수업이 끝난 후에 피드백을 드리고 강사 선생님들은 그 피드백을 성실히 반영해 다음 수업에서 바로 적용하는 형태였죠.

이런 과정이 반복되다 보니 지금은 체계적이고 안정적인 강사진이 운영되고 있고, 수업의 만족도도 자연스럽게 올라가고 있어요.

강사 관리가 결국 공방 운영의 전부라고 느끼는 이유도 여기에 있어요.

좋은 강사 선생님들이 있어야 수강생들이 오래 남고, 오래 남은 수강생들이 결국 공방의 성장을 만들어 주기 때문이에요.

강사 선생님들이 편안하고 안정된 환경에서 수업할 수 있도록 늘 신경 쓰고, 지원을 아끼지 않는 건 당연히 제 몫이겠죠.

■ 핵심 포인트
- ✔ 강사가 곧 공방의 얼굴
- ✔ 완강 수강생의 피드백 체크는 필수

11. 고객 응대의 핵심은 진심

공방을 운영하다 보면 수강생 분들과 매일 얼굴을 맞대고 함께 시간을 보내요.

몇 개월 동안 정기적으로 만나면서 수업을 진행하다 보면 자연스럽게 대화도 많아지고, 서로의 상황도 조금씩 알아 가게 돼요.

그래서인지 수업을 하면서 가장 중요한 건 결국 '진심'이라는 걸 더 절실히 느끼고 있어요.

처음엔 저도 강사의 입장에서 '어떻게 하면 더 잘 알려 줄 수 있을까?'라는 부분에만 집중했어요.

하지만 시간이 지나면서 그보다 더 중요한 게 있다는 걸 알게 되었죠.

바로 내가 이 사람을 진심으로 생각하고 있다는 마음이 상대에게 전달되는가 하는 부분이었어요.

수업 중에 가끔은 목소리를 조금 높이거나 강조하는 순간도 있어요.

특히 위험할 수 있는 기계 사용 시에는 조금 단호하게 주의를 주기도 하는데요.

이럴 때마다 혹시 기분 상하지 않을까 걱정이 되지만 신기하게도 수강생분들은 오히려 '아, 나를 정말 신경 써 주고 있구나'라는 걸 느끼신다고 하세요.

수업이 끝나고 나면 항상 웃으며 말씀해 주세요.

"선생님이 꼼꼼하게 봐 주시니까 다치지 않을 것 같아요."

아마도 이건 단순한 기술 지도가 아니라, 그 사람이 성장하기를 진심으로 바라는 마음이 전달되기 때문이 아닐까 생각해요.

저도 직장생활을 오래 해 봤지만, 가장 힘이 됐던 건 결국 옆에서 진심으로 조언해 주고 도와주던 사람들이었어요.

그래서 수업을 진행할 때마다 늘 이 마음을 잊지 않으려고 해요.

어쩌면 공방을 찾아 주시는 수강생분들도 단순히 기술을 배우는 것보다 '내가 소중히 여겨지고 있다는 안정감'을 더 필요로 하실 수도 있겠다는 생각이 들어요.

이런 진심이 쌓여서 지금까지 꾸준히 장기 수강생 분들도 많아지고, 다른 분들의 소개로 찾아오시는 경우도 늘고 있는 것 같아요.

결국 최고의 응대는 기술적인 말솜씨보다 '이 사람이 잘되기를 바라는 진심 어린 마음'에서 시작된다고 생각해요.

■ **핵심 포인트**
- ✔ 고객을 생각하는 마음가짐은 필수
- ✔ 최고의 고객 응대는 진솔한 마음가짐

12. 출강은 조심스러워요

공방을 운영하면서 교육을 전문으로 하다 보니 내부 수업뿐 아니라 외부에서도 출강 요청이 종종 들어오곤 해요.

특히 기관이나 단체, 학교 등 다양한 곳에서 관심을 가져 주셔서 "외부에서 수업 진행도 가능한가요?"라는 연락을 자주 주시는데요.

사실 처음에는 한 번쯤 해 볼까 고민도 해 봤어요.

새로운 경험이 될 수도 있고, 또 나무를품다라는 이름을 외부에도 알릴 수 있겠다는 생각도 들었기 때문이에요.

하지만 여러 번 고민한 끝에 외부 출강은 조금 조심스럽게 접근하는 게 맞겠다는 결론을 내렸어요.

공방 안에서 진행하는 수업은 이미 모든 장비와 재료, 기계가 체계적으로 준비되어 있고 커리큘럼도 세세하게 구성되어 있다 보니 수강생들이 작업하기에 충분한 환경이 만들어져 있어요.

이런 환경 속에서 수업을 하면 교육의 질도 자연스럽게 올라갈 수밖에 없고요.

하지만 외부에서 수업을 진행하려고 하면 이야기가 조금은 달라져요.

장비를 전부 가져갈 수도 없고, 재료 준비도 제한적일 수밖에 없어요.

사용할 수 있는 공구도 제한되다 보니 작업 방식이 단순해지고, 결국 수업 내용이 '체험' 수준으로 가볍게 끝나 버릴 수밖에 없는 경우가 많아요.

그렇게 되면 같은 교육이라도 외부 수업을 듣는 분들에게 조금은 소홀해지는 느낌을 줄 수 있다는 판단이 들어서였어요.

저는 나무를품다에서 늘 강조하는 "배우고 남는 것이 있는 수업"을 지향하고 있는데 외부 출강에서는 이 부분을 온전히 담기 어렵겠다는 생각이 강하게 들었어요.

그래서 지금은 외부 출강 요청이 들어와도 출강보다는 공방으로 직접 오셔서 수업을 듣는 방법을 안내해 드리고 있어요.

그리고 이렇게 말씀을 드리면 오히려 공방 환경을 보시고 방문해서 수업을 듣겠다고 하시는 경우도 있었고요.

그렇게 방문해 주시는 분들께는 더 알찬 커리큘럼으로 준비해서 의미 있는 수업이 되도록 최선을 다해 진행을 하게 되죠.

제대로 배울 수 있는 환경을 만드는 것에 최선을 다했듯이 교육 또한 부족함 없이 진행하고 싶은 욕심에 아직까지 출강은 자제하고 있답니다.

■ **핵심 포인트**

✔ 제대로 된 교육 준비가 안 됐다면 출강은 조심스럽게
✔ 두 마리 토끼보다는 한 마리 잡기에 집중하기

지속 성장을 위한 마케팅과 운영

1. 블로그로 시작한 첫 마케팅

공방을 운영하면서 마케팅은 늘 고민거리 중 하나였어요.

사실 처음부터 마케팅을 잘 알고 시작한 것도 아니었고, 특별한 기술이 있었던 것도 아니었어요.

그래서 선택한 방법이 바로 블로그 글쓰기였어요.

처음 블로그를 시작할 때는 누구나 그렇듯이 막막했어요. '내가 쓴 글을 과연 누가 볼까?', '이 글이 도움이 될까?' 하는 생각도 계속해서 들었어요.

하지만 그런 생각은 오래가지 않았어요.

"일단 기록을 남기자."

그 한 가지 원칙만 생각하며 꾸준히 글을 써 나가기 시작했어요.

제가 블로그에 올리는 글의 대부분은 공방의 전체적인 수업 풍경, 교육이 이루어지는 모습, 수강생분들의 작품, 그리고 공방을 운영하면서 느끼는 일상이었어요. 거창한 광고 문구나 화려한 포장보다는 '이곳은 실제로 이렇게 수업이 진행됩니다'라는 모습을 솔직하게 보여 주는 것이 더 중요하다고 생각했어요.

그리고 시간이 흘러서 1년, 2년, 3년…

조금씩 글이 쌓이기 시작했고, 그렇게 쌓인 기록들은 단순한 글이 아니라 나무를품다라는 공방의 히스토리가 되어 왔어요.

놀랍게도 블로그를 통해 상담을 요청하는 수강생분들의 비중이 점점 늘어나기 시작했어요.

처음엔 한두 분이었지만, 어느 순간부터 블로그에서 이전 수업 내용들을 꼼꼼히 살펴보고 오신 분들이 많아졌어요.

'이곳은 꾸준히 운영되고 있구나', '커리큘럼이 이렇게 구성되어 있구나', '수업 분위기가 어떤지 알겠다' 하는 신뢰가 쌓이고 있었던 것 같아요.

사실 목공이라는 분야는 조금 독특한 부분이 있어요.

배우고자 하는 분들은 목적이 명확한 경우가 많아요.

그래서 단순히 동네 주민을 대상으로 하는 소규모 홍보보다는 조금은 넓은 지역에서 오시는 분들을 대상으로 한 온라인 기반 마케팅이 훨씬 효과적이라고 생각했었어요.

초창기에는 동네 전단지 부착, 버스 광고, 당근마켓 등 다양한 방법들도 시도해 봤어요.

하지만 시간이 지날수록 결국 블로그에서 오는 수강생 비율이 가장 높았고, 지금도 블로그가 나무를품다 마케팅의 가장 큰 축을 담당하고 있어요.

블로그의 가장 큰 장점은 한 번 쓴 글이 사라지지 않는다는 점이에요.

누적되는 기록의 힘, 그리고 그 기록들은 시간이 갈수록 공방을 알리는 '가장 진실한 소개서'가 되어 주고 있어요.

앞으로도 블로그는 꾸준히 이어 갈 생각이에요.

물론 필요하다면 인스타그램, 유튜브 같은 매체도 활용할 수 있겠지만, '내가 직접 기록하고, 나무를품다의 진짜 모습을 꾸준히 보여 주는 블로그.' 이 부분은 지금까지도, 그리고 앞으로도 계속 지켜 나갈 마케팅의 중심이 될 것 같아요.

■ **핵심 포인트**

✔ 처음엔 다양한 광고를 해 보고 이후에는 한두 가지에 집중하기

✔ 블로그 쓰기, 포기하지 않으면 강력한 광고 효과

2. 우리 공방의 차별점 만들기

목공 공방을 운영하면서 가장 많이 듣는 질문 중 하나가 바로 이거였어요.

"다른 공방과 뭐가 달라요?"

처음에는 막연했어요. 내가 배우고, 준비하고, 세팅한 커리큘럼은 이미 좋을 거라 생각했지만 막상 이렇게 질문을 받으면 어딘가 답이 부족한 것처럼 느껴졌어요. 그래서 계속 고민을 해 봤어요. 나무를품다만의 색깔은 무엇일까.

사실 목공은 기술이에요. 시간이 지나고 경험이 쌓이면 누구나 실력은 늘 수 있어요. 가구 도면을 보는 법, 수공구를 사용하는 법, 전동공구를 다루는 법, 이런 기술적인 부분은 시간이 일정 부분 해결해 줘요. 그래서 기술만 가지고 차별화하는 건 오래 유지되지 않는다고 생각했어요.

그때부터 방향을 완전히 바꾸기로 했어요.

"나는 기술이 아니라 사람을 성장시키는 데 집중하자."

목공을 배우러 오는 분들은 대부분 생전 처음 공구를 잡아 보는 분들이에요. 톱이나 끌, 심지어 기계 사용은 말할 것도 없죠. 그분들에게 중요한 건 멋진 가구를 한두 개 만들어 보는 게 아니라, 목공이라는 분야에서 스스로 만들어 갈 수 있는 힘을 만들어 주는 거라고 생각했어요. 그래서 기본기를 중심으로 커리큘럼을 설계했어요.

나무를품다의 수업은 개별 진도로 진행돼요.

누군가는 빠르고, 누군가는 천천히 갈 수 있잖아요.

하지만 누구도 눈치 보지 않고 자기 속도에 맞게 배울 수 있도록 했어요.

그리고 또 한 가지는 정직함이에요.

상담할 때, 수강료를 책정할 때, 수업을 진행할 때, 어떤 것도 과장하거나 꾸미지 않아요.

있는 그대로, 할 수 있는 만큼만 약속하고 그 약속을 끝까지 지키려고 노력했어요.

여기에 더해 강사 선생님들의 따뜻함도 우리 공방의 가장 큰 장점이 되었어요.

"스스로 할 수 있을 때까지 계속해서 친절히 알려 주자."

이게 항상 강사님들과 약속하는 부분이었어요. 그렇게 수업을 받다 보면 수강생분들도 스스로 의욕이 올라오고, 배우는 즐거움에 빠지게 되는 걸 느낄 수 있었죠.

이렇게 하나씩 하나씩 쌓아 온 차별점들이 결국 나무를품다를 찾는 이유가 되어 주었어요. 이제는 스스로도 말할 수 있어요.

저희 공방의 차별점은 배우는 사람 중심의 시스템, 기본기 중심의 커리큘럼, 그리고 정직한 교육 운영이라고요.

■ **핵심 포인트**

✔ 우리 공방만의 색깔 찾기는 장기전이다

✔ 배우는 사람 중심이 되어야 살아남을 수 있다

3. 먼저 시도하라

사실 이 이야기는 목공방 창업을 준비할 때부터, 그리고 지금까지 공방을 운영하면서도 계속 마음속에 가지고 있는 특별한 문장이에요.

"먼저 시도하라."

이 문장은 대학을 졸업하고 사회생활을 시작할 무렵부터 제 다이어리 맨 앞 장에 항상 적혀 있었어요.

지금 생각해 보면 그 한 문장이 저를 여기까지 이끌어 준 가장 큰 힘이었던 것 같아요.

누구나 새로운 걸 시작할 때는 걱정이 앞서잖아요.

"잘못되면 어떡하지?", "실패하면 어떡하지?", "내가 할 수 있을까?"

이런 고민은 늘 따라다니죠.

목공방을 창업하기 전에도 마찬가지였어요. 직장생활만 하던 내가 창업을 해서 잘 운영할 수 있을까? 하는 두려움이 컸어요.

그럴 때마다 이 문장이 저를 한 걸음씩 앞으로 나아가게 했어요. "고민하는 동안에도 시간은 흘러가고 있다. 망설이지 말고 일단 시도해 보고, 그 안에서 방법을 찾자."

공방을 창업하면서도 그랬고, 교육 커리큘럼을 만들 때도 그랬고, 자격

중 과정을 처음 오픈할 때도 마찬가지였어요.

완벽하게 준비가 된 다음에 시작하겠다고 하면 아마 지금도 준비 중이었을지 몰라요.

그보다는 시작하고 부딪히면서 부족한 부분은 채워 나가고, 시행착오를 경험하면서 시스템을 완성해 나가는 게 훨씬 현실적이었어요.

수강생 분들께도 이 말씀을 자주 드려요.

처음 목공을 배우러 오시는 분들은 늘 비슷한 걱정을 하세요.

"제가 손재주가 없는데 잘할 수 있을까요?"

그럴 때 저는 이렇게 말씀드려요.

"처음부터 잘하는 사람은 없어요. 일단 시도해 보세요. 그러면 그 다음 길이 보이실 거예요."

먼저 시도하지 않으면 그 어떤 결과도 얻을 수 없다.

시도한 사람만이 다음 단계로 나아갈 수 있다.

이게 지금까지 저를 지탱해 준 가장 소중한 원칙이고, 아마 앞으로도 변하지 않을 저의 가장 큰 삶의 자세일 거예요.

■ **핵심 포인트**

✔ 먼저 시도하라, 시작하면 길은 반드시 열린다
✔ 막막하거나, 포기하고 싶을 땐 나만의 문장 떠올리기

4. 교육공방, 월 천만 원 매출이 가능할까?

공방을 준비할 때 가장 먼저 떠오른 고민 중 하나가 바로 매출 목표였어요.

저 역시 처음부터 '월 천만 원'이라는 목표를 마음속에 두고 오랜 시간 고민했어요. 공방을 운영한다면 최소한 그 정도는 벌어야 나름의 직장을 그만둔 이유가 될 것 같았어요.

교육공방의 수익 구조는 의외로 단순해요.

결국 수강생 수에 수업료를 곱하면 매출이 나오는 구조니까요.

예를 들어 월 수강료를 50만 원으로 정하면, 20명의 수강생만 확보해도 천만 원 매출이 만들어져요.

계산만 놓고 보면 단순하고 금방 달성할 수 있을 것처럼 보였어요.

그래서 초창기에는 수강생을 어떻게 더 많이 모을 수 있을까에 집중하기도 했어요. 수강생이 많아지면 매출도 자연스럽게 오를 거라 생각했으니까요.

하지만 막상 운영이 시작되고 시간이 지나면서 이게 결코 쉬운 문제가 아니라는 걸 깨닫게 됐어요.

수강생이 많아질수록 개개인별 진도를 챙기기도 어려웠고, 질문에도 충분히 답변하지 못하는 경우가 생기기 시작했죠.

결국 처음에는 매출이 오르는 것처럼 보여도, 만족도가 떨어지면 수강생 이탈이 생기고 다시 신규 모집에 의존하는 악순환이 반복되기 시작했어요.

그래서 이후부터는 정원을 제한하기 시작했어요.

강사가 수업 중 케어할 수 있는 범위 안에서만 수강생을 받고, 수업의 질을 지키는 걸 가장 중요한 기준으로 삼았어요.

그 덕분에 수강생 만족도는 꾸준히 유지됐고, 장기 수강으로 이어지는 경우도 자연스럽게 늘어났어요.

많이 가르치는 것보다 오래 가르치는 것, 이것이 공방 운영의 핵심이라는 걸 지금도 매일같이 느끼고 있어요.

그래서인지 나무를품다의 월 천만 원 매출은 꾸준히 유지되고 있어요.

하지만 매출 자체보다 더 중요한 건 순이익과 지속가능성이에요.

고정비, 재료비, 강사 인건비 등을 차감하고도 안정적으로 남는 구조가 되어야만 장기적으로 건강한 공방을 운영할 수 있으니까요.

■ 핵심 포인트
- ✔ 월 천만 원의 함정에 빠지면 교육 본질이 흐려져요
- ✔ 교육공방 운영의 핵심은 많이 가르치는 것보다 오래 가르치는 것

4장. 지속 성장을 위한 마케팅과 운영　159

5. "공방에 한번 놀러 갈게요!" 사양합니다

공방을 창업하고 운영하다 보면 자연스럽게 많은 분들을 만나게 돼요.

다른 공방을 운영하시는 분들과 교류도 하고, 운영 방식이나 시스템을 서로 공유하며 시너지를 만들어 가는 경우도 있어요.

이런 만남들은 저도 참 긍정적으로 생각하고 있고, 언제든 편하게 대화를 나눌 준비도 되어 있어요.

그런데 가끔 연락을 주시는 분들 중에 이렇게 말씀하시는 경우가 있어요.

"한번 놀러 갈게요."

사실 이 한마디가 저에게는 조금 다르게 다가와요.

물론 가벼운 마음으로 하는 인사일 수 있다는 건 충분히 알지만, 저로서는 그 표현이 조금 조심스러워요.

왜냐하면 나무를품다는 단순히 놀러 오는 곳이 아니라, 배움이 이루어지고 운영이 이루어지는 곳이기 때문이에요.

이곳은 단순히 시간을 보내거나 여유를 즐기기 위한 공간이 아니에요.

목공이라는 분야로 창업을 결심했고, 그 결정을 후회하지 않기 위해 매일 고민하고 배우며 성장하고 있는 공간이기 때문이에요.

매일 수강생분들이 찾아오시고, 각자의 목표를 이루기 위해 함께 배우고 성장하고 있어요. 수업 커리큘럼을 준비하고 상담을 하고, 운영 시스템을 관리하고 개선해 가는 곳이 바로 이곳이죠.

비교하자면 이런 생각이 들어요.

회사에 다니는 친구에게 "회사에 한번 놀러 갈게"라고 얘기하는 경우는 거의 없잖아요.

그만큼 회사를 운영하는 사람 입장에서는 그 공간이 업무가 이루어지는 진지한 공간이니까요.

저 역시 이곳을 하나의 사업장이자 직장으로 생각하고 있어요.

물론 누군가와 좋은 관계를 만들고 싶지 않다는 얘기는 아니에요.

배움을 나누고 싶어 하는 분들, 운영에 대해 함께 고민하고 조언을 구하는 분들, 서로 성장하며 배우려는 분들이 찾아오신다면 언제든지 반갑게 맞이할 준비가 되어 있어요.

그런 분들과의 만남은 언제든 큰 힘이 되고 서로에게도 도움이 되니까요.

다만, "놀러 갈게요"라는 가벼운 말로 이 공간을 바라보게 되면, 이곳이 가진 의미가 조금은 가벼워지는 것 같아 조심스러운 마음이 생기는 거예요.

이 공간은 저에게, 그리고 이곳을 찾아 주시는 수강생분들에게도 '놀이 공간'이 아니라 함께 성장하는 공간이기 때문이죠.

■ **핵심 포인트**
✔ 놀이 공간이 아닌 함께 성장하는 공간 만들기
✔ 방문 전 공방장의 성향을 파악해 인사 정하기

4장. 지속 성장을 위한 마케팅과 운영

6. 수강생의 성장이 곧 공방의 성장

공방을 운영하다 보면 가끔 예상하지 못한 인연으로 시작되는 경우가 있어요.

창업 2년차쯤이었어요. 어느 날 한 통의 상담 전화가 걸려 왔는데, 목공 경험이 전혀 없는 여성분이셨어요. 상담에서도 적극적인 질문 없이 조용히 듣기만 하셨고, 등록하신다고는 했지만, 사실 실제로 오실까 싶은 마음도 있었어요.

그런데 수업 당일, 첫 수업을 듣기 위해 공방으로 방문해 주셨어요.

막상 수업을 시작해 보니 꼼꼼하시긴 했지만 작업 속도는 일반 수강생들보다 많이 느렸어요.

직장생활만 하며 쉼 없이 달려오다 처음으로 취미를 시작해 보고 싶다고 하셨어요. 그래서 이분에게 맞는 커리큘럼으로 교육과정을 다시 만들어 드렸어요.

비록 실력은 천천히 올라왔지만, 자신감을 드리고 싶어 가구제작기능사 자격증 시험에 도전하기로 하고 준비를 했어요. 결과는 탈락.

보통은 이쯤에서 포기하거나 주저하기 쉬운데, 이분은 오히려 더 열심히 준비를 시작하셨어요.

낯설게만 느껴졌던 공구 사용법, 기계 사용법도 차근차근 익혀 가면서 부족했던 부분을 하나씩 채워 나가셨고, 결국 공방에서 운영하는 국가 자격증 전 과정을 이수하고 자격증도 모두 취득하셨어요.

이후에는 지인에게 직접 만든 가구를 선물하기도 하고, 스스로 디자인한 가구를 제작하면서 자신감을 점점 키워 가셨어요.

그리고 이듬해 민간가구기능대회에 출전해 결국 대상까지 수상하는 기쁨을 안게 되었어요.

저도 그 순간은 정말 감격스러웠어요, 아마도 오래도록 잊지 못할 것 같아요.

이 경험을 통해 확신하게 됐어요.

조금 느릴 수는 있지만, 포기하지 않으면 결국 목표에 도달할 수 있다는 것.

그리고 이런 수강생들의 성장이 결국 공방 성장의 가장 큰 힘이 된다는 것도요.

누군가의 성장을 곁에서 지켜보며 함께 만들어 가는 이 여정이, 저에게도 더 큰 책임감과 보람을 주고 있어요.

배우려는 의지만 있다면 방법은 얼마든지 찾아 갈 수 있어요.

그리고 수강생의 목표를 끝까지 이뤄 드리겠다는 마음가짐이 결국 공방을 성장시키는 가장 큰 힘이 된다는 걸 이제는 알고 있어요.

■ **핵심 포인트**
- ✔ 수강생과 공방은 한 방향으로 나아가는 관계
- ✔ 수강생의 성장이 곧 공방 발전의 원동력

성장통과 번아웃 극복기

1. 4년차에 번아웃, 힘들지만 즐거운 이유

창업을 결심하고 첫 해부터 정말 쉼 없이 몰입했어요.

조금이라도 환경을 더 나아지게 만들고 싶었고, 커리큘럼을 다듬고, 수업 방식을 개선하는 데 시간을 아끼지 않았어요. 쉬는 날도 계속해서 고민하는 하루하루를 보냈죠.

아마 하루도 공방 생각을 하지 않은 날이 없었던 것 같아요.

물론 몸도 피곤하고 버거운 순간들도 있었지만, 억지로 하는 일은 아니었어요.

오히려 매일 조금씩 성취감을 느꼈고, 보람도 있었고, 무엇보다 공방이 조금씩 성장해 가는 모습을 바라보는 일이 참 즐거웠어요.

그렇게 1년이 지나고, 2년이 지나고, 3년이 지나는 동안 공방은 어느덧 안정적인 운영 궤도에 들어서기 시작했어요.

4년 차에 접어들면서는 운영 시스템을 체계적으로 만들기로 계획을 세웠어요.

그동안 손으로 다 직접 챙기던 부분들을 조금씩 시스템화하기 시작했고, 나름 열정을 다해 하나하나 만들어지고 있다고 스스로 생각했어요.

그런데 바로 이 시점에서 예상치 못한 변화가 찾아오기 시작했어요.

조금씩 의욕이 빠지기 시작하는 것이 느껴졌어요.

아침에 수업하러 공방으로 가는 길이 예전처럼 설레지 않았고, 늘 하던 일이었지만 몸이 무겁게 느껴졌어요.

수업을 준비하는 것도, 수업을 진행하는 것도 예전처럼 즐겁지가 않았고, 어느 순간부터는 조금씩 힘겹게 느껴지기 시작했어요.

처음에는 그냥 '누구나 한 번쯤 겪는 고비겠지'라고 생각했어요.

"이렇게 열심히 했으니 잠깐 힘든 것도 당연하지."

그렇게 스스로를 위로하며 지나가길 기다렸어요.

하지만 시간이 지날수록 그게 단순한 피로가 아니라는 걸 점점 더 뚜렷하게 느끼게 됐어요.

수업 자체가 싫어지기 시작했고, 체력도 떨어지고, 내가 이 일을 계속해 나갈 수 있을까 하는 의문까지 들기 시작했어요.

이대로 계속 가다가는 공방 전체 운영에도 영향을 줄 것 같아 결국 결단을 내리게 됐어요.

잠시 수업에서 손을 놓자.

다행히 이미 친절하고 실력 있는 강사 선생님들이 수업을 진행하고 있었고, 운영 시스템도 어느 정도 자리를 잡고 있어서 가능했어요.

저는 그동안 잠시 시스템화 작업도 멈추고, 5~6개월 정도 아무런 욕심 없이 마음을 비우고 충분한 휴식을 취했어요.

휴식 기간 동안에는 억지로 무언가를 하려고 하지 않았어요.

기본 일정 외에는 무리한 계획도 세우지 않고, 그저 '쉼'을 선택했어요.

그리고 신기하게도, 어느 순간 다시 마음속에서 작은 열정이 피어오르기 시작했어요.

"이제 다시 시작할 수 있겠다."라는 생각이 몸을 움직이게 하는데까지 시간은 걸렸지만 이 경험을 통해 중요한 걸 깨달았어요.

번아웃이라는 건 단순히 열심히 해서 오는 게 아니라, 쉴 틈 없이 달리기만 했을 때 결국은 한 번쯤 브레이크가 걸릴 수밖에 없는 현상이라는 것을요.

지금은 일과 휴식의 균형을 맞춰 가며 공방을 운영하고 있어요.

5년 차에 들어선 지금은 '더 오래가기 위해서는 휴식도 운영의 중요한 일부다'라는 생각으로 조금씩 균형을 잡아 가고 있어요.

그래서 지금의 나무를품다는 예전보다 더 단단하고, 조금 더 여유를 품으며 한 걸음씩 성장하고 있어요.

■ 핵심 포인트
- ✔ 몸이 보내는 신호를 무시하면 브레이크가 걸려요
- ✔ 빨리 가기보다는 즐겁게 오래가는 것이 현명한 운영법

5장. 성장통과 번아웃 극복기

2. 배움이 없으면 성장도 없다

직장생활을 할 때도 항상 느꼈던 게 있어요.

'내가 배우지 않으면 조직도, 나도 성장할 수 없다.'

그 생각은 지금 창업을 하고 공방을 운영하면서도 변함없이 제 안에 자리 잡고 있어요.

직장생활을 할 때는 경영지원, 인사, 교육 등 다양한 분야에서 필요한 역량을 개발하기 위해 꾸준히 노력했어요.

그 배움들이 쌓여 지금의 창업에도 큰 도움이 되었고요.

그런데 막상 교육공방을 창업하고 보니, '배움'이라는 게 단순히 내가 알고 있는 선에서 멈춰서는 안 되겠구나라는 걸 절실히 깨달았어요.

공방을 운영하는 입장에서는 기술을 제대로 가르치기 위해 먼저 제가 기술적으로도 성장해야 했어요.

그래서 창업 이후에도 멈추지 않고 다양한 목공 관련 자격증을 취득하기 시작했고, 이 과정에서 저도 몰랐던 새로운 기술들을 배워 나가면서 수강생분들에게 더 정확하고 체계적인 지도를 할 수 있게 된 것 같아요.

여기에 머물지 않고 기능대회에도 꾸준히 도전했어요.

가구 기능대회에 참가하며 실력을 시험해 보고 부족한 부분은 다시 채워 나가기를 반복, 2024년 국제창업기능대회 가구 창작 부문에 참가해 대상 수상, 그리고 2025년에는 그동안 바쁘다는 핑계로 미뤄 왔던 서울지방기능경기대회 가구 부문에서 당당히 금메달을 수상하는 기쁨도 누릴 수 있었어요.

하지만 이런 성취가 있다고 해서 '이제 다 배웠다'라고 생각하진 않아요.

배움에는 끝이 없고, 제가 계속 배우고 성장해야 저희 공방도, 강사 선생님들도, 그리고 수강생 분들도 함께 성장할 수 있다고 믿기 때문이에요.

각자의 위치에서 목표를 향해 최선을 다해 주고 계신 수강생분들의 열정에 응원을 보내며, 공방 창업을 시작하고자 하는 분들이 막연한 두려움에서 벗어나 새로운 꿈과 의지를 키워 갈 수 있는 공간 나무를품다를 완성해 가고자 오늘도 한 발짝 더 내디뎌 봅니다.

퇴사 후 목공방 창업,
5년간의 기록

ⓒ 강재근, 2025

초판 1쇄 발행 2025년 8월 15일

지은이	강재근
펴낸이	이기봉
편집	좋은땅 편집팀
펴낸곳	도서출판 좋은땅
주소	서울특별시 마포구 양화로12길 26 지월드빌딩 (서교동 395-7)
전화	02)374-8616~7
팩스	02)374-8614
이메일	gworldbook@naver.com
홈페이지	www.g-world.co.kr

ISBN 979-11-388-4592-2 (03320)

- 가격은 뒤표지에 있습니다.
- 이 책은 저작권법에 의하여 보호를 받는 저작물이므로 무단 전재와 복제를 금합니다.
- 파본은 구입하신 서점에서 교환해 드립니다.